15 분 학습 일 완성

초등 기탄 글을 빠르고 바르게 이해하는 학습 프로그램

대단한 독해

| 2단계_사회 |

기초부터 탄탄하게
G 기탄교육

☆ 독해가 어렵다고요?

글은 줄줄 잘 읽는데 막상 내용을 물어보면 고개를 갸우뚱하는 우리 아이! 뭐가 문제일까요? 바로 독해력이 부족하기 때문이에요. 독해력은 '글을 읽고 뜻을 이해하는 능력'을 말해요. 글자를 읽기만 하는 게 아니고, 내용을 바르게 이해하여 내 지식으로 만들 수 있는 능력이지요. 독해력이 뛰어나야 국어뿐만 아니라 수학, 과학, 사회, 역사, 예술 등 다른 공부를 할 때도 요점을 쉽게 파악하고 이를 바탕으로 세부 내용까지 이해하여 문제를 풀 수 있어요.

☆ 〈대단한 독해〉로 시작하세요

초등 기탄 〈대단한 독해〉는 영역별로 다양한 주제의 글을 읽고, 독해의 기초 원리를 적용한 문제를 차근차근 풀이하는 과정을 통해 독해력을 효과적으로 길러 주는 단계별 학습 프로그램이에요. 스스로 학습의 No.1 기탄교육이 만들어, 누구나 쉽고 즐겁게 독해 학습을 시작할 수 있답니다.

우아, 벌써 다 끝냈어?

재미있게 읽다 보니 금방 풀리던데?

하루 15분, 즐겁게 휘리릭~!

처음에는 많이 읽기보다, 한 지문이라도 천천히 읽고 생각해 보며 흥미를 갖는 것이 중요해요. 〈대단한 독해〉는 쉽고도 부담 없는 분량의 지문으로 독해에 대한 재미와 성취감을 끌어올릴 수 있어요.

무얼 그렇게 즐겁게 읽니?

세계의 전통 춤에 대한 글인데, 춤에 이런 뜻이 있었다니 정말 신기해.

2 영역별 구성으로 즐거움 UP

〈대단한 독해〉는 단계별로 인문, 사회, 과학, 예술·스포츠 네 가지 영역, 총 4권으로 구성되어 있어요. 영역별 다양한 글을 읽으며 독해에 즐거움을 느낄 수 있지요. 또 교과 학습 과정과 연관된 내용을 통해 과목별 배경지식도 확장할 수 있답니다.

3 다양한 형태의 글 읽기로 사고력 UP

어머, 이건 제품 설명서잖아?

〈대단한 독해〉에는 실생활에서 볼 수 있는 글들이 다양하게 실렸다고!

일기, 동화, 시, 설명문, 논설문, 생활문뿐 아니라 실생활에서 자주 볼 수 있는 안내문, 인터넷 게시판, SNS 등 다양한 형태의 글을 만나 볼 수 있어요. 다채로운 글을 읽으며 사고력과 이해력을 쑥쑥 키울 수 있어요.

공부하다 말고 퍼즐을 하면 어떡해?

노는 게 아니라고! 오늘 배운 어휘를 꼼꼼히 풀어 보는 거야!

4 낱말 풀이와 퀴즈로 어휘와 맞춤법까지 꼼꼼하게!

글에서 아이들이 어렵게 느낄 수 있는 어휘를 따로 정리해 두었어요. 또 그날 배운 어휘를 재미있는 퀴즈로 풀어 보며 뜻과 다양한 활용을 익힐 수 있지요. 맞춤법도 꼼꼼히 확인할 수 있답니다.

지문 독해+핵심 문제

〈대단한 독해〉는 1회당 4쪽씩
총 15회로 이루어져 있어요.
매일 4쪽씩 공부해 보세요.

시와 이야기, 설명문과 논설문 등
다양한 종류의 글과 독해 원리가
표시되어 있어요.

언제 공부했는지
날짜를 써 보세요.

독해 원리에 꼭 맞는 대표 유형
문제들은 왕관으로 표시했으니
주의하여 풀어 보세요.

공부한

★

1회

우화 누가 무엇을 했는지 알기

은혜 갚은 독수리

일을 하고 돌아가던 농부가 그물에 걸린 독수리를 보았어요.
"저런, 꼼짝없이 죽게 생겼구나."
농부는 독수리가 *가여웠어요.
"조금만 기다려라."
농부가 그물을 풀어 주자 독수리는 훨훨 날아갔어요.
며칠이 지난 어느 날이었어요.
"어이쿠, 힘들다. 조금만 쉬었다 해야지."
밭에서 일하던 농부는 *근처에 있는 돌담에 *기대앉았어요. 그런
데 갑자기 독수리가 날아오더니 농부의 모자를 휙 *낚아챘어요.
"거기 서라! 거기 서!"
농부는 소리를 지르며 독수리를 쫓아갔어요. 하지만 독수리는 멈
추지 않고 계속 날아갔어요.
'내가 구해 주었는데 은혜도 모르고 모자를 가져가다니!'
그때 뒤에서 *요란한 소리가 났어요. 놀란 농부가 뒤
를 돌아보자 돌담이 와르르 무너져 내렸지요.
㉠'독수리가 나를 구하려고 모자를 채서 날아갔구나.
독수리가 아니었다면 나는 돌담에 깔렸을 거야.'
그때 독수리가 농부의 모자를 땅 위에 툭 떨어뜨
려 주었어요. 농부는 독수리에게 고맙다며 인사를
했답니다.

이솝, 「은혜 갚은 독수리」

> **어떻게 읽을까?**
> 이야기에 어떤 인물이 나
> 오는지, 그 인물이 한 일
> 은 무엇인지 살피면서 읽
> 어 봐.

* 가여웠어요: 마음이 아플 정도로 불쌍하고 딱했어요.
* 근처: 가까운 곳.
* 기대앉았어요: 벽 등에 몸을 의지하여 비스듬히 앉았어요.
* 낚아챘어요: 남의 물건을 재빨리 빼앗거나 가로챘어요.
* 요란한: 시끄럽고 떠들썩한.

8

---

1 이 글에 나오는 인물은 누구와 누구인지 빈칸에 쓰세요.

내용 이해

☐☐ 와 ☐☐☐☐

2 이 글에서 농부가 한 일은 무엇인가요? (　　　)

내용 이해

① 그물로 독수리를 잡았다.　　② 모자를 낚아채 달아났다
③ 모자를 땅 위에 떨어뜨렸다.　　④ 돌을 쌓아 담을 만들었다
⑤ 그물을 풀어 독수리를 구했다.

3 ㉠에서 짐작할 수 있는 농부의 마음에 ○표 하세요.

추론하기

슬픈 마음	고마운 마음	부끄러
(1) ( )	(2) ( )	(3) (

4 독수리의 행동에 대해 알맞게 말한 친구에게 ○표 하세요.

비판하기

(1) 자신을 구한 농부의 모자를 낚아채서 달
수리는 은혜를 모르는 동물이야.

(2) 돌담이 무너지려는 것을 알고 농부를 구
자를 낚아채다니 독수리는 지혜롭구나.

'어떻게 읽을까'는 글을 읽어 나가는
방향을 알려 주는 길잡이예요. 글을
읽기 전에 먼저 살펴 두세요.

어려운 낱말은 낱말 풀이에 정리해
두었어요. 낱말의 뜻을 알아보며
읽어 보세요.

2 짧은 지문 독해 + 어휘력 퀴즈

독해 원리와 관련 있는 지문을
다시 한번 공부해요.

지문에 나온 낱말의 뜻과 쓰임,
어휘, 맞춤법을 퀴즈로 풀어 봐요.

☆ 어휘력 땅땅

[5~6] 다음을 읽고 물음에 답하세요.

*무더운 여름날이었어요. 물을 마시려던 개미가 발을 *헛디뎌 물에
빠지고 말았어요.

"앗, 살려 주세요!"

그때 마침 나무에 앉아 있던 비둘기가 그 모습을 보았어요. 비둘
기는 ㉠*재빠르게 나뭇잎을 따서 개미에게 던져 주었어요.

"개미야, 어서 그 나뭇잎을 잡아!"

개미는 온 힘을 다해 나뭇잎을 잡고 땅 위로
올라왔어요.

"비둘기야, 고마워. 네 덕분에 목숨
을 구했어."

도와줘요!

이솝, 「개미와 비둘기」

* 무더운: 찌는 듯 견디기 어렵게 더운.
* 헛디뎌: 발을 잘못 디뎌.
* 재빠르게: 움직임이 아주 빠르게.

어휘 알기

5 ㉠과 뜻이 반대되는 낱말은 무엇인가요? (   )

① 날쌔게   ② 잽싸게   ③ 날래게
④ 느리게   ⑤ 신속하게

내용 이해

6 다음과 같은 행동을 한 인물을 골라 ○표 하세요.

여름날에 물을 마시려고 했다	나뭇잎을 따서 던져 주었다.	나뭇잎을 잡고 땅 위로 올라왔다.
(1) (개미 / 비둘기)	(2) (개미 / 비둘기)	(3) (개미 / 비둘기)

1 다음 뜻에 알맞은 낱말을 선으로 이으세요.

(1)
뺑!

시끄럽고
떠들썩하다.
•

(2)
찌는 듯 견디기
어렵게 덥다.
•

(3)
남의 물건을
빼앗거나 가...

㉮ 무덥다   ㉯ 요란하다   ㉰ 낚아채다

2 보기 처럼 나머지 셋을 포함하는 낱말에 색칠하세요.

보기	감나무	밤나무	빚나무	나무
(1)	개미	나비	곤충	벌
(2)	독수리	비둘기	까치	새
(3)	농부	직업	가수	의사

오늘 학습은 어땠나요? ☑해 보세요. ◆ 쉬움☐ 보통☐ 어려움☐

10

앞서 배운 독해 원리를
대표 유형 문제로 반복해서
연습해요.

오늘의 공부를 마친 뒤에는
독해 학습이 어땠는지
스스로 평가해요.

6가지 독해 문제 유형

내용 이해
글에 나타난 정보나 사실 등을 이해하고 확인하는 문제 유형이에요. 글의 제목이나 중심 문장을 찾아보거나, 글쓴이의 의견과 까닭, 이야기 속에서 일어난 일을 찾는 문제가 주로 나와요. 글을 전체적으로 빠르게 훑어 보고, 문제와 관련 있는 부분은 좀 더 주의를 기울여 읽으면서 글의 내용을 파악해 보세요.

구조 알기
글의 짜임을 파악하고 중요한 내용을 간추려 보는 문제 유형이에요. 각 문단의 내용을 파악해 전체 글의 구조를 이해하는 문제나 일이 일어난 차례를 알아보는 문제가 주로 나와요. 글을 읽을 때 간단한 그림이나 표로 정리해 보면, 대상을 비교하거나 글의 흐름을 파악하는 데 도움이 될 수 있어요.

추론 하기
글의 내용을 바탕으로 글에 숨겨진 정보나 의미를 유추해 보는 문제 유형이에요. 생략된 내용을 추측하거나, 이야기 속 인물의 말과 행동을 통해 생각이나 성격을 짐작하는 문제가 주로 나와요. 글의 전체 내용을 이해하고, 앞뒤 문장이나 중심 낱말을 중점적으로 살펴보며 문제를 해결할 단서를 찾아보세요.

비판 하기
글에 나오는 의견과 근거가 올바른지 판단하고 평가하는 문제 유형이에요. 글쓴이의 생각과 그 까닭이 타당한지 살펴보거나, 이야기 속 인물의 생각과 내 생각을 비교해 보는 문제가 주로 나와요. 글쓴이나 인물의 의견이 한쪽으로 치우치지 않는지, 까닭은 의견을 잘 뒷받침하고 있는지 꼼꼼하게 따져 보세요.

문제 해결
글의 내용을 실제 생활에 적용해 보는 문제 유형이에요. 글쓴이가 겪은 일과 비슷한 경험을 찾는 문제가 주로 나와요. 글쓴이의 생각이나 이야기 속 인물의 마음이 잘 드러난 부분을 읽으며 자신의 경험을 떠올려 보거나, 다른 사람의 입장에 비추어 보는 과정을 통해 문제 상황을 이해하고 해결 방안을 찾을 수 있어요.

어휘 알기
글을 읽으며 낱말을 살펴보고, 낱말의 정확한 뜻과 형태를 알아보는 문제 유형이에요. 낱말과 관용어, 속담의 의미를 물어보거나 비슷한말과 반대말 등 낱말 사이의 관계에 관한 문제가 주로 나오지요. 낱말의 올바른 뜻과 맞춤법을 익히는 것은 글을 빠르고 정확하게 이해하기 위한 기본 원리랍니다.

2단계(초등 2~3학년)_사회

설명문 주요 내용 찾기

지도를 이렇게 읽어요

우리 동네의 모습을 지도로 본 적이 있나요? 지도는 실제 모습을 줄여서 평평한 *표면에 나타낸 그림이에요. 지도에 *표시된 내용을 잘 읽으면 우리 동네의 모습을 잘 알 수 있지요.

지도에는 방향을 알려 주는 표시가 있어요. 동서남북의 방향을 알면 내가 사는 집, 내가 다니는 학교가 어느 쪽에 있는지 알 수 있어요. 그래서 처음 가는 곳도 이쪽저쪽 헤매지 않고 쉽게 찾아갈 수 있지요.

지도에는 이어지는 길의 모습이 나타나 있어요. 이어진 길을 따라가 보면 학교는 어떻게 가야 하는지, 산은 어떻게 가는지 알 수 있어요. 그리고 어느 길로 가야 하는지 *가늠할 수 있지요.

또한 지도에는 장소를 ㉠표시하는 기호가 있어요. 건물, 산, 강, 논 등을 알기 쉽게 간단히 나타낸 것들이지요. 기호를 알면 우리 동네에 학교나 병원, 우체국 등이 어디에 있는지 쉽게 알 수 있어요.

이 밖에도 지도에는 땅의 높낮이를 표시하는 선이 있어요. 이 선의 사이가 좁으면 *기울기가 급하고, 넓으면 기울기가 *완만하지요. 이 선을 알면 우리 동네의 산이 얼마나 높고 낮은지 알 수 있어요.

이렇게 지도에 표시된 내용을 잘 알면 지도를 잘 읽을 수 있어요. ㉡요즘에는 디지털 영상 지도나 애플리케이션 지도 등이 나와서 더 편리하게 지도를 읽을 수 있어요.

어떻게 읽을까?

글쓴이가 지도에 대해 설명하는 중요한 내용을 정리하며 읽어 봐.

학교	병원	경찰서	우체국
산	밭	논	철도

▲ 지도에서 사용하는 기호

* **표면**: 겉으로 드러난 면.
* **표시된**: 글자, 숫자 같은 것으로 어떤 내용을 나타낸.
* **가늠할**: 형편이 어떤지 짐작할 또는 딱 알맞은지 헤아려 볼.
* **기울기**: 어떤 물체가 기울어진 정도.
* **완만하지요**: 기울기가 급하지 않지요.

1 내용 이해

글쓴이가 이 글을 쓴 까닭으로 알맞은 것에 ○표 하세요.

(1) 지도를 잘 사용하자고 주장하기 위해서 　　　　　　　　　　　(　　　)

(2) 지도를 잘 읽기 위해 알아야 할 것을 설명하기 위해서 　　　(　　　)

(3) 지도에 모든 사물을 표시하는 방법을 알려 주기 위해서 　　(　　　)

2 추론하기

다음 지도를 보고 빈칸에 들어갈 알맞은 낱말을 쓰세요.

(1) 지도에 높은 □이 보이네!

(2) □□이 사거리에 있네.

(3) 철도 옆에 □□가 있구나!

3 어휘 알기

㉠과 바꾸어 쓸 수 있는 낱말은 무엇인가요? (　　　)

① 숨기는　　　　　　② 감추는　　　　　　③ 드러내는

④ 일어나는　　　　　⑤ 무너지는

4 이 글의 내용으로 알맞지 <u>않은</u> 것은 무엇인가요? (   )

① 지도에는 장소를 표시하는 기호가 있다.

② 지도에는 땅의 높낮이를 표시하는 선이 있다.

③ 지도에서 방향을 알면 길을 쉽게 찾아갈 수 있다.

④ 지도를 잘 읽으면 산의 높이가 얼마나 되는지 알 수 없다.

⑤ 지도는 실제 모습을 줄여서 평평한 표면에 나타낸 그림이다.

5 ⓛ의 방법으로 지도를 사용한 친구에게 ○표 하세요.

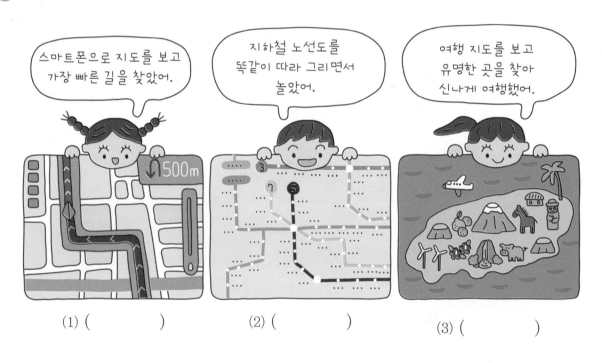

(1) (   )   (2) (   )   (3) (   )

6 다음은 이 글의 내용을 간추린 것이에요. 빈칸에 들어갈 알맞은 낱말을 쓰세요.

> ☐☐를 잘 읽으려면 동서남북과 같은 ☐☐, 기호, 땅의 높낮이를 표시하는 선 등을 알아야 한다. 요즘에는 디지털 영상 지도, 애플리케이션 지도 등이 나와서 더 ☐☐하게 지도를 읽을 수 있다.

1 다음 뜻에 알맞은 낱말을 글자 카드에서 찾아 빈칸에 쓰세요. (글자 카드는 여러 번 쓸 수 있어요.)

표	기	능
비	가	면
울	시	른

(1) 겉으로 드러난 면. ➡ ☐ ☐

(2) 어떤 물체가 기울어진 정도. ➡ ☐ ☐ ☐

(3) 글자, 숫자 같은 것으로 어떤 내용을 나타내는 것.
➡ ☐ ☐

2 밑줄 친 낱말과 뜻이 반대되는 낱말을 ( ) 안에 쓰세요.

(1) 왼쪽에 편의점이 있다. ⟷ ( )에 빵집이 있다.

(2) 고무줄을 늘이다. ⟷ 바지 길이를 ( ).

설명문 중심 문장과 뒷받침 문장 파악하기

옛날 냉장고, 석빙고

냉장고가 없던 옛날에는 어떻게 얼음을 보관했을까요? 옛날에는 석빙고라는 자연 냉장고가 있었어요. 즉, 석빙고는 얼음을 저장하기 위하여 만든 창고예요.

㉠석빙고의 겉모습은 무덤처럼 생겼어요. ㉡바깥의 뜨거운 기운을 막기 위해 천장 위로 돌과 흙을 둥그렇게 쌓았어요. ㉢그리고 그 위에 잔디를 심어서 꼭 무덤처럼 보이기 때문이에요.

어떻게 읽을까?
석빙고에 대해 설명하는 각 문단을 중심 문장과 뒷받침 문장으로 나누며 읽어 봐.

(가) 석빙고는 얼음을 잘 보관하기 위해 *독특한 구조로 지었어요. 천장은 단단한 돌로 4, 5개의 둥근 *아치를 만들고, 그 사이에 움푹 들어간 빈 공간을 두었어요. 그 위쪽 끝에는 바람구멍을 내서 더운 공기가 안에 머무르지 못하게 하고 바깥으로 빠져나가게 했어요.

또한, 석빙고 바닥에는 *배수로를 두어 얼음에서 녹은 물과 *습기가 아래로 빠져나가게 했어요. 그리고 보관하는 얼음에는 밀짚, 왕겨, 톱밥 등을 덮어서 밖에서 들어오는 *열기를 막았어요.

이러한 석빙고는 삼국 시대에 처음 만들었다고 해요. 하지만 현재 그 모습은 남아 있지 않고 지금 볼 수 있는 것은 조선 시대 때 만든 석빙고라고 해요.

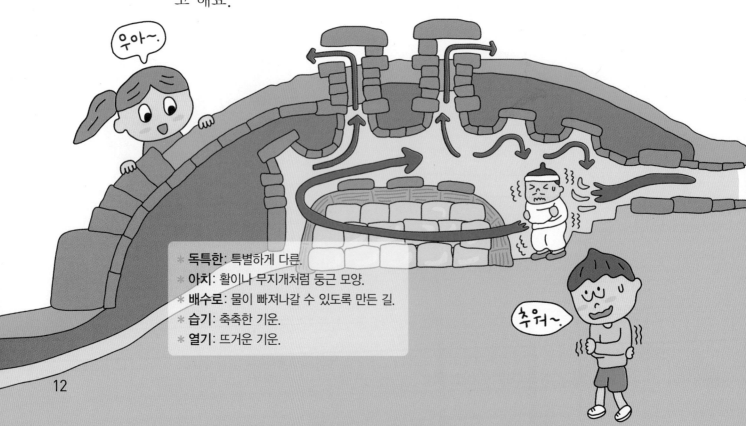

* **독특한**: 특별하게 다른.
* **아치**: 활이나 무지개처럼 둥근 모양.
* **배수로**: 물이 빠져나갈 수 있도록 만든 길.
* **습기**: 축축한 기운.
* **열기**: 뜨거운 기운.

내용 이해

1 석빙고에 대한 설명으로 알맞으면 ○표, 알맞지 <u>않으면</u> ×표 하세요.

(1) 석빙고는 조선 시대에만 있었다.   (   )

(2) 석빙고가 처음 만들어진 때는 알 수 없다.   (   )

(3) 석빙고는 옛날에 얼음을 넣어 두던 창고이다.   (   )

구조 알기

2 ㉠~㉢을 중심 문장과 뒷받침 문장으로 나누어 기호를 쓰세요.

중심 문장	(1) ( )
뒷받침 문장	(2) ( )

내용 이해

3 ⑺의 내용을 읽고 석빙고의 구조에서 맨 위에 있는 것부터 아래에 있는 것까지 차례에 맞게 숫자를 쓰세요.

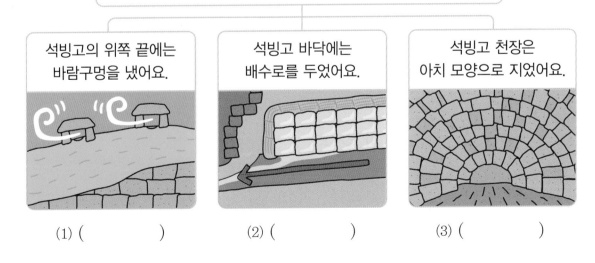

석빙고는 얼음을 잘 보관하기 위해 독특한 구조로 지었어요.

석빙고의 위쪽 끝에는 바람구멍을 냈어요.

석빙고 바닥에는 배수로를 두었어요.

석빙고 천장은 아치 모양으로 지었어요.

(1) (   )   (2) (   )   (3) (   )

[4~5] 다음을 읽고 물음에 답하세요.

서빙고동의 유래

'서빙고동'은 서울특별시 용산구에 *위치한 *동입니다. 동 이름인 '서빙고'는 얼음을 저장하는 서쪽 창고라는 뜻으로, 얼음 창고인 석빙고가 있어서 붙여진 이름입니다.

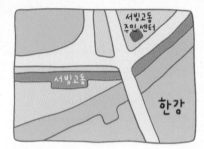

(가) ┌ 서빙고동은 옛날부터 얼음을 얻기 쉬웠습니다. 한강과 가까이 위치해 있었기 때문입니다. 겨울에 강이 얼면
└ 얼음을 잘라 얼음 창고에 *저장했다가 여름에 꺼내 사용했습니다.

＊ **위치한**: 일정한 곳에 자리를 차지한.
＊ **동**: 지방 행정 구역의 하나.
＊ **저장했다가**: 물건이나 재물 등을 보관했다가.

내용 이해

4 '서빙고동'이라는 이름에서 알 수 있는 것에 모두 ○표 하세요.

(1) 옛날 서빙고동에는 얼음 창고가 있었다. ( )
(2) 옛날 사람들은 겨울에 얻은 얼음을 여름에 사용했다. ( )
(3) 옛날 사람들은 얼음을 얼리기 위해 석빙고를 지었다. ( )

내용 이해

5 (가)에서 중심 문장을 찾아 쓰세요.

➡

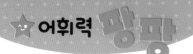

1 다음 뜻에 알맞은 낱말을 찾아 석빙고 얼음을 색칠하세요. (낱말은 가로, 세로에 쓰여 있어요.)

배	날	시	석	읽	리	솟
수	빠	마	빙	습	아	치
로	웃	창	고	기	합	족
조	가	북	을	는	얼	불
독	특	하	다	냇	음	식

낱말 열쇠

(1) 축축한 기운. 예 장마철에는 집 안에 ○○가 많이 찬다.

(2) 특별하게 다르다. 예 패션이 화려하고 ○○○○.

(3) 물이 얼어서 굳어진 물질. 예 주스에 ○○을 넣어 먹었다.

(4) 활이나 무지개처럼 둥근 모양. 예 석빙고 지붕은 ○○형이다.

(5) 옛날에 얼음을 넣어 두던 창고. 예 옛날 냉장고, ○○○.

(6) 물이 빠져나갈 수 있도록 만든 길. 예 ○○○가 막혔다.

(7) 여러 가지 물건을 모아 두거나 넣어 두는 곳. 예 보물 ○○.

오늘 학습은 어땠나요? ☑해 보세요.　　　쉬움 ☐　　　보통 ☐　　　어려움 ☐　　　15

3회

고전 문학 인물의 성격 파악하기

오즈의 마법사

[앞 이야기] 도로시는 회오리바람에 휩쓸려 토토와 함께 마법의 나라 오즈로 날아왔어요. 집으로 돌아가기 위해 마법사 오즈를 찾아가다가 허수아비, 양철 나무꾼을 만나 함께 길을 떠났지요.

어떻게 읽을까?
인물의 말과 행동에 드러난 성격을 짐작해 보고, 상황에 알맞은 목소리를 상상하며 읽어 봐.

도로시 *일행이 수풀을 지날 때였어요. '어흥' 하고 사자가 불쑥 튀어나왔어요. 허수아비와 양철 나무꾼이 달려들었지만 곧 나가떨어졌지요.

강아지 토토까지 멍멍 짖으며 달려들자, 사자는 커다란 앞발을 휙 내뻗었지요. 놀란 도로시는 사자의 콧등을 주먹으로 내리쳤어요.

"넌 어떻게 큰 짐승이 작은 강아지에게 덤벼드니? 부끄럽지 않아?"

도로시가 소리치자 사자는 기어들어 가는 소리로 말했어요.

"난 그냥 겁이 나서 앞발을 휘두른 것뿐이야. 놀랐다면 미안해."

사자는 마치 *꾸중 듣는 아이 같았지요. 그러자 허수아비가 말했어요.

"에이, 괜히 놀랐네. 너 겁쟁이구나?"

"맞아, 난 겁쟁이야. 숲속에는 무서운 것이 너무 많아. ㉠내가 덩치가 크고 무서워 보이면 뭘 해! 부스럭거리는 낙엽에도 놀라서 심장이 *벌렁거리는걸. 날 보고 놀라는 동물들 소리가 더 무섭다니까. 그런데도 동물들은 자기를 잡아먹으려는 줄 알고 도망간단다."

"심장이 벌렁거리는 걸 보니 넌 심장이 있네?"

"동물들 모습을 보고 생각하는 걸 보면 뇌도 있고!"

㉡양철 나무꾼과 허수아비는 사자가 부러웠어요.

라이먼 프랭크 바움, 「오즈의 마법사」

* **일행**: 함께 길을 가는 사람들의 무리.
* **꾸중**: 윗사람이 아랫사람의 잘못을 꾸짖음.
* **벌렁거리는걸**: 몸의 한 부분이 빠르게 움직이는걸.

내용 이해

1 이 글에 나오지 <u>않는</u> 인물은 누구인가요? (   )

① 마녀

② 사자

③ 도로시

④ 허수아비

⑤ 양철 나무꾼

어휘 알기

2 다음과 같은 뜻을 가진 낱말을 찾아 쓰세요.

겁이 많은 사람을 낮잡아 이르는 말.

(   )

추론하기

3 ㉠에 나타난 사자의 성격을 알맞게 짐작한 친구에게 ○표 하세요.

(1) 낙엽에도 심장이 벌렁거리다니 공정한 성격 같아.

(2) 덩치가 크고 목소리가 큰 것을 보면 용감한 성격 같아.

(3) 낙엽이나 자신을 보고 놀란 동물들 소리에도 놀라다니 겁이 많은 성격이야.

내용 이해

4 ㉡의 까닭은 무엇인지 빈칸에 알맞은 낱말을 쓰세요.

사자가 □□ 과 □ 를 가졌기 때문에.

[5~6] 다음을 읽고 물음에 답하세요.

도로시 일행은 마법사 오즈의 말대로 서쪽 마녀를 찾아간다.

마녀: *괘씸한 것들! 감히 너희들이 날 이길 수 있다고 생각하느냐?

　마녀는 늑대, 까마귀, 벌 떼, 원숭이를 시켜 허수아비, 양철 나무꾼, 사자를 끌고 간다.

마녀: (　㉠　) 너도 죽고 싶지 않으면 그 신발을 내놔라!

도로시: 안 돼! 절대 그럴 수 없어.

　발버둥치다가 한쪽 구두를 마녀에게 빼앗긴다.

도로시: 나쁜 마녀 같으니라고, 어서 내 구두를 돌려줘!

　㉡도로시가 주위를 둘러보다가 물통의 물을 마녀에게 뿌린다.

마녀: (괴로워하며) 으악, 살려 줘! 물이 날 녹여 버릴 거……야.

도로시 일행: (만세를 부르며) 우아, 이겼다, 이겼어! 드디어 우리 소원을 이룰 수 있게 되었어.

　　　　　　　　　　　　　　　　　　　라이먼 프랭크 바움, 「오즈의 마법사」

＊ **괘씸한**: 하는 짓이 고약해 못마땅하고 얄미운.

추론하기

5 ㉠에 어울리는 표정이나 목소리, 몸짓으로 알맞은 것에 ○표 하세요.

손뼉을 치며	기쁜 표정으로	무서운 목소리로
(1) (　　　　)	(2) (　　　　)	(3) (　　　　)

추론하기

6 ㉡에 나타난 인물의 성격은 어떠한가요? (　　　　)

① 게으르다.　　　　② 용감하다.　　　　③ 소극적이다.

④ 겁이 많다.　　　　⑤ 의심이 많다.

1 빈칸에 들어갈 알맞은 낱말을 글자 카드로 만들어 쓰세요.

| 꾸 | 유 | 일 | 중 | 행 |

(1) ☐☐ : 함께 길을 가는 사람들의 무리.

(2) ☐☐ : 윗사람이 아랫사람의 잘못을 꾸짖음.

2 보기 를 보고 뜻이 비슷한 낱말이 되도록 알맞은 글자를 쓰세요.

보기 뇌 | 머 리

(1)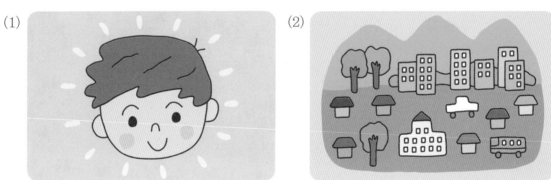

낮 | 얼 ☐

(2)

동네 | 마 ☐

(3)

차다 | ☐ 다

(4) 컹!

☐☐ 다 | 두렵다

논설문 글쓴이의 의견과 까닭 파악하기

놀이터를 바르게 이용합시다

날씨가 따뜻해지면 놀이터에서 노는 친구들이 많습니다. 그런데 놀이터에서도 학교처럼 규칙을 잘 지키고 *놀이 기구들을 바르게 이용해야 합니다. 그 까닭은 무엇일까요?

첫째, 놀이터는 많은 어린이들이 이용하는 *시설이기 때문입니다. 놀이터에서 놀이 기구를 이용할 때에 줄을 서지 않거나 차례를 지키지 않으면 놀이터를 함께 이용하는 친구들에게 *피해를 줍니다. 놀이터는 모두가 이용하는 공간이므로, 다른 친구들에게 피해를 주면 안 됩니다.

어떻게 읽을까?
놀이터 안전에 대한 글쓴이의 의견과 뒷받침하는 까닭이 무엇인지 찾으며 읽어 봐.

둘째, 놀이 기구를 바르게 이용하지 않으면 다칠 수 있기 때문입니다. 놀이터의 여러 놀이 기구들은 올바르게 이용할 때에 *안전합니다. 미끄럼틀을 탈 때 계단을 이용하지 않고 *거슬러 올라가면 내려오는 사람과 부딪칠 수도 있고, 다칠 위험도 있습니다.

마지막으로, 나의 안전은 내가 스스로 지켜야 하기 때문입니다. 놀이터에서는 정해진 규칙을 지키지 않으면 언제든 사고가 일어날 수 있습니다. 계단을 오를 때에는 손잡이를 꼭 잡고, 그네를 탈 때에는 주변에 사람이 있는지 없는지 확인하면 나뿐만 아니라 우리 모두의 안전을 지킬 수 있습니다.

그러므로 놀이터에서는 놀이 기구를 올바르게 이용하며, 정해진 규칙을 잘 지켜 바르게 이용합시다.

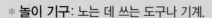

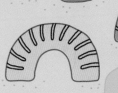

* **놀이 기구**: 노는 데 쓰는 도구나 기계.
* **시설**: 여럿이 쓰는 도구나 장치. 또는 그런 도구나 장치를 만들어 놓은 것.
* **피해**: 생명이나 몸, 재산 등에 손해를 입는 것.
* **안전합니다**: 탈이 나거나 다칠 위험이 없습니다.
* **거슬러**: 자연스럽게 흘러가거나 움직이는 것과 반대쪽으로 가.

내용 이해

1 글쓴이가 이 글을 쓴 까닭으로 알맞은 것에 ○표 하세요.

(1) 놀이터의 종류를 알려 주려고   (   )

(2) 놀이 기구의 사용 방법을 설명하려고   (   )

(3) 놀이터 안전에 대해 관심을 갖게 하려고   (   )

구조 알기

2 다음은 이 글의 내용을 간추린 것이에요. 빈칸에 글쓴이의 '의견'이면 '의견', '까닭'이면 '까닭'이라고 쓰세요.

(2) ☐☐ : 놀이터는 많은 어린이들이 이용하는 시설이기 때문이다.

(1) ☐☐ : 놀이터를 올바르게 이용하자.

(3) ☐☐ : 놀이 기구를 바르게 이용하지 않으면 다칠 수 있기 때문이다.

(4) ☐☐ : 나의 안전은 스스로 지켜야 하기 때문이다.

비판하기

3 이와 같은 글을 읽는 방법이 <u>아닌</u> 것에 ○표 하세요.

중심 문장을 간추리며 읽는다.

글의 제목을 주의 깊게 살피며 읽는다.

재미있는 표현이나 흉내 내는 말을 찾으며 읽는다.

(1) (   )   (2) (   )   (3) (   )

21

[4~5] 다음을 읽고 물음에 답하세요.

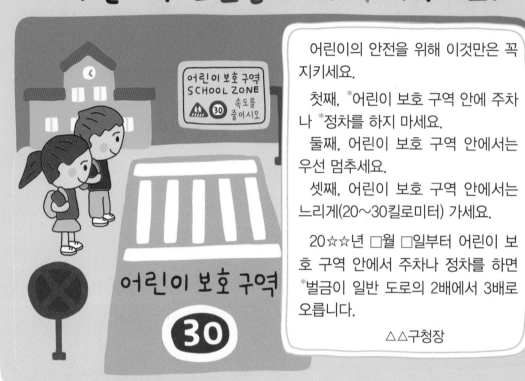

*어린이 보호 구역 : 어린이를 교통사고의 위험으로부터 보호하기 위하여 설정한 구역.
*정차 : 운전자가 차에 있으면서 멈춘 상태.
*벌금 : 법이나 약속을 어겼을 때 벌로 내는 돈.

4 이 안내문에 나타난 의견에 ○표 하세요.

어린이의 안전을 위해 벌금을 내자.	어린이의 안전을 위해 세 가지를 지키자.	어린이의 안전을 위해 학교 앞에 주차를 잘 하자.
(1) ( )	(2) ( )	(3) ( )

5 어린이 보호 구역 안에서 하지 말아야 할 것 <u>두 가지</u>를 빈칸에 쓰세요.

☐☐ 와 ☐☐

1 빈칸에 들어갈 알맞은 낱말을 [보기]에서 찾아 쓰세요.

[보기]	안전	보호	벌금	피해	기구

(1) 여기는 어린이 ☐☐ 구역인데, 주차를 하면 ☐☐ 을 낸다고 해.

30

어린이 보호

(2) 다른 사람에게 ☐☐ 를 주면 안 돼.

(3) 다치지 않게 ☐☐ 하게 놀아야 해!

(4) 학교 운동장에는 여러 가지 놀이 ☐☐ 가 많아서 좋아!

오늘 학습은 어땠나요? ✔해 보세요.　　쉬움 ☐　　보통 ☐　　어려움 ☐

동시 감각적 표현 찾기

쑥쑥

이준관

*완두콩 싹이 쑥쑥 자라
연둣빛 완두콩이 되고

송아지가 쑥쑥 자라
*의젓한 뿔을 가진 소가 되고

이 세상
어디선가 쑥쑥
자라는 소리

세상에서
가장 듣기 좋은 소리

> **어떻게 읽을까?**
> 완두콩, 송아지가 자라는 모습을 생생하게 표현한 부분을 찾으며 읽어 봐.

＊ **완두콩**: 완두의 열매.
＊ **의젓한**: 말이나 행동 등이 점잖고 무게가 있는.

내용 이해

1 이 시의 내용으로 알맞으면 ○표, 알맞지 <u>않으면</u> ×표 하세요.

(1) 송아지가 쑥쑥 자라서 소가 된다.   (   )

(2) 완두콩이 자라면 완두콩 싹이 된다.   (   )

(3) 세상에서 가장 듣기 좋은 소리는 어디선가 쑥쑥 자라는 소리이다. (   )

어휘 알기

2 이 시에서 다음 뜻을 가진 낱말을 찾아 쓰세요.

> 갑자기 많이 커지거나 자라는 모양.

(   )

추론하기

3 이 시를 읽고 떠올릴 수 <u>없는</u> 장면에 ○표 하세요.

(1) (   )   (2) (   )   (3) (   )

비판하기

4 이 시를 읽고 느낌을 알맞게 말한 친구의 이름을 쓰세요.

> 서준: 송아지와 완두콩이 금세 자라는 것 같아서 슬펐어.
>
> 채은: 완두콩과 소가 자라는 소리를 실제로 들리는 것처럼 표현해서 재미
> 있어.

(   )

[5~6] 다음을 읽고 물음에 답하세요.

나물노래

꼬불꼬불 고사리 이 산 저 산 *넘나물
가자 가자 갓나무 오자 오자 옻나무

*말랑말랑 말냉이 잡아뜯어 *꽃다지

배가 아파 배나무 ⓐ 가시나물
바귀바귀 씀바귀 매끈매끈 기름나물

* **넘나물**: 원추리의 잎과 꽃을 무쳐 먹는 나물.
* **말랑말랑**: 매우 보들보들하여 연하고 부드러운 느낌.
* **꽃다지**: 들이나 길가, 밭둑에 자라는 풀. 어린잎을 먹음.

5 이 시의 대한 설명으로 알맞으면 ○표, 알맞지 <u>않으면</u> ×표 하세요.

(1) 다양한 나물의 색깔을 눈앞에 그리듯이 보여 준다. (　　　)
(2) 비슷한 글자 수를 반복해서 노래하는 듯한 느낌을 준다. (　　　)
(3) 나물의 이름과 비슷한 흉내 내는 말을 사용해 재미있게 표현했다. (　　　)

6 ⓐ에 들어갈 알맞은 낱말은 무엇인가요? (　　　)

① 펄럭펄럭　　　② 요리조리　　　③ 따끔따끔
④ 데굴데굴　　　⑤ 물렁물렁

1 빈칸에 들어갈 알맞은 낱말을 **보기**에서 찾아 쓰세요.

보기	말랑말랑	매끈매끈	따끔따끔	꼬불꼬불

(1) ☐☐☐☐ : 이리저리 꼬부라진 모양.

(2) ☐☐☐☐ : 매우 보들보들하여 연하고 부드러운 느낌.

(3) ☐☐☐☐ : 거친 데가 없이 매끄럽고 반질반질한 모양.

(4) ☐☐☐☐ : 바늘에 찔리거나 꼬집히는 것처럼 따갑고 아픈 느낌.

2 **보기**를 보고 빈칸에 들어갈 알맞은 낱말에 ○표 하세요.

보기	• 초 + 불 → 촛불	• 노래 + 말 → 노랫말

화분에 ☐
새싹이 돋았다.

바람이 불어
☐이 떨어졌다.

강아지와 함께
☐를 산책했다.

(1) (연둣빛 / 연두빛)　　　(2) (나무잎 / 나뭇잎)　　　(3) (바닷가 / 바다가)

설명문 아는 내용이나 겪은 일 관련짓기

미래에 직업은 어떻게 변할까?

여러분은 커서 어떤 직업을 갖고 싶나요? 내가 원하는 직업이 미래에도 계속 있을까요? 만약 그렇지 않다면, 어떤 직업이 새로 생길까요?

먼저, 지금은 많지만 미래에는 그 수가 줄어드는 직업이 있어요. 미래에는 사람들이 직접 했던 일을 *인공 지능 컴퓨터가 대신하는 일이 많을 거예요. 지금도 무거운 물건을 나르거나 음식을 주문할 때 로봇이나 컴퓨터가 대신하고 있어요. 미래에는 이렇게 로봇이나 컴퓨터가 하는 일이 점점 더 늘어날 거예요.

어떻게 읽을까?
미래의 직업에 대해 내가 아는 내용이나 겪은 일을 떠올리면서 글을 읽어 봐.

㉠한편, 미래에 더 많이 생겨날 직업도 있어요. ㉡과학 기술의 발달로 새로운 환경에서 일할 사람들이 많이 필요하거든요. ㉢*무인 비행체로 물건을 나르거나 촬영을 하는 드론 전문가, *3D 프린터로 집을 짓는 건축가, *가상 현실에서 활동하는 캐릭터를 만드는 디자이너 같은 직업이에요. 미래에는 더 많은 사람들이 이런 *영역에서 일하게 될 거예요.

또한 새로 생긴 직업들의 영향으로 기존 직업들이 전문적으로 나누어져요. 예를 들어 로봇 공학자는 이미 있는 직업이지만 산업용 로봇 공학자, 서비스용 로봇 공학자, 인간형 로봇 공학자 등으로 나누어져요.

이렇게 미래에는 과학 기술과 정보 통신의 발달로 지금과는 다른 형태로 직업이 변하거나 아주 새로운 직업이 생길 거예요.

* **인공 지능**: 사람처럼 학습, 추리, 적응 등을 할 수 있는 컴퓨터 시스템.
* **무인 비행체**: 사람이 타지 않고, 주로 원격 조종으로 움직이는 비행체를 통틀어 이르는 말.
* **3D 프린터**: 장난감, 가구, 학용품, 심지어 집과 같은 입체물을 찍어 내는 프린터.
* **가상 현실**: 현실이 아닌데도 실제처럼 생각하고 보이게 하는 현실.
* **영역**: 힘, 권리 등이 미치는 테두리.

내용 이해

1 이 글에서 설명하는 것이 무엇인지 빈칸에 알맞게 쓰세요.

미래의 □□ 변화

내용 이해

2 ㉠~㉢을 중심 문장과 뒷받침 문장으로 알맞게 나누어 기호를 쓰세요.

(1) 중심 문장: (   )

(2) 뒷받침 문장: (   )

추론하기

3 미래의 직업에 대해 알맞게 말한 친구에게 ○표 하세요.

미래에는 지금 있는 직업이 모두 그대로 살아남을 거야.	미래에는 로봇과 컴퓨터가 인간이 하는 일을 대신할 거야.	새로운 직업이 생겨나도 기존 직업에 영향을 주지 않을 거야.
(1) ( )	(2) ( )	(3) ( )

비판하기

4 이 글과 관련 있는 경험을 알맞게 말한 친구의 이름을 쓰세요.

수민: 텔레비전에서 로봇이 음식을 나르는 광고를 본 적이 있어.

보미: 친구들 앞에서 조선 시대의 과학 기술을 발표했던 적이 있어.

(   )

[5~6] 다음을 읽고 물음에 답하세요.

초등학생 장래 희망, 운동선수가 가장 많아

교육부와 한국 직업 능력 개발원이 실시한 설문 조사에 따르면 초등학생들의 장래 희망 1위는 운동선수인 것으로 나타났습니다. 2위는 의사, 3위는 교사, 4위는 *크리에이터, 5위는 *프로게이머가 뒤를 이었습니다. 또한, 6위~10위는 경찰관, 요리사, 가수, 만화가, 제과·제빵사의 순서로 이름을 올렸습니다.

초등학생이 ㉠희망하는 직업 베스트 10					
1	운동선수	5	프로게이머	9	만화가
2	의사	6	경찰관	10	제과·제빵사
3	교사	7	요리사	…	…
4	크리에이터	8	가수	…	…

출처: 한국 직업 능력 개발원, '초·중등 진로 현황 조사(2020)'

* **크리에이터**: 개인이 다양한 주제의 동영상을 직접 계획해서 만들고 공유하는 사람.
* **프로게이머**: 컴퓨터 게임 대회에 나가는 직업 선수.

어휘 알기

5 ㉠과 바꾸어 쓸 수 있는 낱말은 무엇인가요? (   )

① 바라는   ② 피하는   ③ 외치는

④ 싫어하는   ⑤ 도망가는

내용 이해

6 이 글을 보고 새로 알게 된 내용을 알맞게 말한 친구에게 ○표 하세요.

 (1) 내 장래 희망이 선생님이라는 것을 알게 되었어.

 (2) 초등학생들이 꿈꾸는 직업이 무엇인지 알게 되었어.

 (3) 친구들이 미래의 직업에 대해 많이 생각한다는 것을 알게 되었어.

1 첫소리를 참고해 다음 뜻에 알맞은 낱말을 쓰세요.

(1)

ㅇ ㅇ
힘, 권리 등이
미치는 테두리.

☐ ☐

(2)

ㄱ ㅅ ㅎ ㅅ
현실이 아닌데도 실제처럼
생각하고 보이게 하는 현실.

☐ ☐ ☐ ☐

(3)

ㅇ ㄱ ㅈ ㄴ
사람처럼 학습, 추리,
적응 등을 할 수 있는
컴퓨터 시스템.

☐ ☐ ☐ ☐

2 밑줄 친 낱말과 뜻이 반대되는 낱말에 색칠하세요.

(1) 미래에는 우주여행과 관련된 직업이 <u>생겨날</u> 것이다.

달아날   사라질

(2) 우리 삼촌은 드론을 개발하는 회사에서 <u>일하고</u> 계신다.

쉬고   참고

견학 기록문 **사실과 의견 구별하기**

직업 체험관에 다녀왔어요

토요일, 엄마와 나는 서하네 가족과 함께 한국 잡 월드에 갔어요.

아침 일찍 주차장에 도착하자, 넓은 광장에 우뚝 솟은 잡 월드 건물이 보였어요. 우리는 초등학생에게 맞는 어린이체험관으로 갔지요. 그런데 미리 예약을 하지 않아 한참을 기다려서 ㉠겨우 예약할 수 있었어요.

안내도에는 흥미 *유형별로 체험관이 여섯 가지로 나뉘어 있었어요. 나는 '호기심이 많은 어린이'를 선택해 치과 의원 *체험을, '상상력이 많은 어린이'를 선택한 서하는 신발 디자이너 체험을 하기로 했어요.

우리는 기다리는 동안 목장 체험을 했는데, *모형 젖소의 젖을 짜면 진짜 우유처럼 물이 쭉쭉 나와서 신기했어요. 체험관에서는 '조이'라는 가짜 돈을 사용하는데, 나는 '조이'가 남아서 어린이 은행에 저축도 했어요.

드디어 예약했던 차례가 되어 치과 의원 체험을 했어요. 의사 가운을 입고 *의료 기구를 직접 만져 보니 진짜 의사 선생님이 된 것 같았지요.

㉡견학을 마치고 나니 다리도 아프고 피곤했지만 무언가 뿌듯한 느낌이 들었어요. 다음에 올 때에는 기다리지 않도록 인터넷에서 미리 예약을 하고 와야겠다고 생각했어요.

어떻게 읽을까?

한국 잡 월드에서 글쓴이가 겪은 일과 그 일에 대해 생각하거나 느낀 점을 찾으며 읽어 봐.

＊ **유형별**: 공통된 특징이 있는 것끼리 구별한 갈래.
＊ **체험**: 자기가 몸소 겪음. 또는 그런 경험.
＊ **모형**: 어떤 것을 본떠서 만든 물건.
＊ **의료 기구**: 병을 치료하는 데 쓰는 기구.

내용 이해

1 글쓴이가 다녀온 곳이 어디인지 찾아 쓰세요.

(   )

내용 이해

2 다음을 '사실'과 '의견'으로 나눌 때, 사실이면 '사', 의견이면 '의'라고 쓰세요.

(1) 드디어 예약했던 차례가 되어 치과 의원을 체험했어요. (   )

(2) 안내도에는 흥미 유형별로 체험관이 여섯 가지로 나뉘어 있었어요. (   )

(3) 모형 젖소의 젖을 짜면 진짜 우유처럼 물이 쭉쭉 나와서 정말 신기했어요.

(   )

어휘 알기

3 ㉠과 바꾸어 쓸 수 있는 낱말에 ○표 하세요.

오직	절대	가까스로

문제 해결

4 ㉡과 비슷한 생각이나 느낌이 들었던 일을 말한 친구에게 ○표 하세요.

 (1) 어제 게임 때문에 친구와 싸운 것이 후회돼.

 (2) 숙제를 할 때는 힘들었지만 다 하고 났더니 기뻤어.

 (3) 하루 종일 박물관을 견학했더니 너무 피곤해서 다시는 오기 싫어.

[5~6] 다음을 읽고 물음에 답하세요.

* **휴식 공간**: 머물러 쉴 수 있도록 마련해 놓은 공간.
* **정비소**: 자동차나 비행기 같은 것을 고치거나 손질하는 곳.
* **업사이클링**: 재활용할 수 있는 옷 등에 디자인을 더하여 가치를 높이는 일.

내용 이해

5 안내도에서 알 수 <u>없는</u> 내용에 ○표 하세요.

(1) 어린이체험관은 3층에 있다.   (   )

(2) 한식 요리 연구소 옆에 휴식 공간이 있다.   (   )

(3) 어린이체험관에는 로봇 연구소와 아이스크림 가게가 있다.   (   )

내용 이해

6 두 친구 중 '사실'과 '의견'을 말한 친구의 이름을 쓰세요.

(1) 사실을 말한 친구: ☐☐   (2) 의견을 말한 친구: ☐☐

1 빈칸에 들어갈 알맞은 낱말을 글자 카드로 만들어 쓰세요.

| 험 | 관 | 체 | 형 | 모 |

(1) ☐☐ : 어떤 것을 본떠서 만든 물건.

(2) ☐☐ : 자기가 몸소 겪음. 또는 그런 경험.

2 그림을 보고 ( ) 안에 알맞은 낱말에 ○표 하세요.

(1)  형이 시계를 (가르쳤어요 / 가리켰어요).

(2)  역사 박물관 견학을 (마쳤어요 / 맞혔어요).

(3)  나는 칭찬 스티커를 (붙였어요 / 부쳤어요).

(4)  친구가 넘어져서 무릎을 (다쳤어요 / 닫혔어요).

편지글 글쓴이의 마음 짐작하기

아저씨 덕분이에요

어떻게 읽을까?
마음을 나타내는 말을 찾아 글쓴이의 마음을 짐작하며 편지를 읽어 봐.

○경비 아저씨에게

아저씨, 안녕하세요? 1402호에 사는 정우예요.

날마다 *뵙지만 이렇게 편지를 쓰려니 조금 *쑥스러워요. 그래도 오늘은 용기를 내어 평소에 감사했던 마음을 전하려고 해요.

아저씨, 제가 인사하면 늘 웃으며 받아 주시고, 엘리베이터를 탈 때에도 제가 탈 때까지 항상 잡아 주셔서 감사해요. 며칠 전 제가 놀이터에 학원 가방을 깜박 잊어서 두고 왔을 때 아저씨가 *진지도 거르시고 함께 찾아 주셨지요. 그때 얼마나 감사했는지 몰라요.

그런데 아저씨에게 죄송한 일도 있어요. 분리수거하는 날 제가 생수병을 그냥 버리자, 아저씨는 화를 내지 않으시고 다음부터는 이렇게 버리라며 비닐을 떼어서 다시 버려 주셨지요. 그때는 제가 정말 잘못했어요. 앞으로는 잘 분리해서 버릴게요.

아저씨, 우리 아파트의 여러 가지 일을 *도맡아 해 주셔서 언제나 *든든하고 감사합니다. 요즘 아저씨가 다리를 다치셔서 걱정이 돼요. 얼른 다리도 나으시고 우리와 건강히 오래오래 함께 해 주세요.

날씨가 많이 추워졌어요. 감기 조심하시고 건강하세요.

20△△년 □월 □일

ⓒ정우가

* **뵙지만**: 웃어른을 대하여 보지만.
* **쑥스러워요**: 멋쩍고 부끄러워요.
* **진지**: '밥'의 높임말.
* **도맡아**: 일을 혼자서 책임을 지고 모두 다 해.
* **든든하고**: 기댈 수 있을 만큼 믿음직스럽고.

내용 이해

1 이 편지는 누구에게 쓴 편지인지 쓰세요.

(   )

어휘 알기

2 ㉠과 ㉡을 높임말로 바르게 고쳐 쓰세요.

(1) ㉠ 경비 아저씨에게   ➡   경비 아저씨(   )

(2) ㉡ 정우가   ➡   정우 (   )

구조 알기

3 이 편지에서 끝인사에 해당하는 것은 무엇인가요? (   )

① 20△△년 □월 □일

② 감기 조심하시고 건강하세요.

③ 그때는 제가 정말 죄송했어요.

④ 안녕하세요? 1402호에 사는 정우예요.

⑤ 아저씨가 진지도 거르시고 함께 찾아 주셨지요.

추론하기

4 다음 상황에서 짐작할 수 있는 글쓴이의 마음을 선으로 이으세요.

(1)    (2)    (3)

●   ●   ●

●   ●   ●

㉮   미안한 마음   ㉯   고마운 마음   ㉰   걱정하는 마음

정우야, 안녕?

네 편지를 받고 너무 고마워서 코끝이 *찡했단다.

*당연히 해야 할 일을 했을 뿐인데 정우에게 감사하다는 말을 들으니 내가 더 고마웠단다. 정우도 지금처럼 밥 잘 먹고, 어른들 말씀 잘 듣고, 무엇이든 열심히 하는 어린이가 되길 바란다.

나도 멋진 정우를 오래오래 보면 좋겠구나. 그럼 잘 있거라.

경비 아저씨가

＊ **찡했단다**: 눈물이 나올 만큼 가슴이 뭉클했단다.
＊ **당연히**: 그렇게 하는 것이 마땅한.

5 글쓴이의 마음을 나타내는 말이 <u>아닌</u> 것은 어느 것인가요? (   )

① 고마워서
② 네 편지를 받고
③ 코끝이 찡했단다.
④ 내가 더 고마웠단다.
⑤ 무엇이든 열심히 하는 어린이가 되길 바란다.

6 이 쪽지에 대해 알맞게 말한 친구에게 ○표 하세요.

 (1) 경비 아저씨가 정우에게 고마운 마음을 전하려고 쓴 거야.

 (2) 경비 아저씨는 정우가 공부를 열심히 하기를 바라고 계셔.

 (3) 경비 아저씨가 쓴 쪽지에는 정우가 밥을 잘 먹지 않아서 안타까워하는 마음이 드러나 있어.

1 빈칸에 들어갈 알맞은 높임말을 쓰면서 경비 아저씨를 만나는 길을 찾으세요.

아저씨~

출발!

(1) '생일'의 높임말

(2) '말'의 높임말
□ □ 씀

(3) '보다'의 높임말
□ 다

(4) '밥'의 높임말
진 □

(5) '자다'의 높임말
□ □ □ □

(6) '먹다'의 높임말
잡 수 □ 다

정우야~.

도착!

 오늘 학습은 어땠나요? ✓해 보세요.　　쉬움 □　　보통 □　　어려움 □

39

설명문 일하는 방법에 따라 내용 파악하기

 토스터 사용 설명서

이 토스터는 식빵과 같은 납작한 빵을 굽기 위한 기계예요. 다음 사용법에 맞게 사용하세요.

어떻게 읽을까?

토스터를 어떻게 사용해야 할지 설명서의 차례를 정리하며 읽어 봐.

주의 사항

• 토스터의 포장 비닐을 뜯고, 안전한 곳에서 *작동해 주세요.
• 전원 *플러그를 *콘센트에 꽂은 다음 사용하세요.
• 빵 부스러기를 받아 주는 빵가루 받침대가 있는지 확인하세요.
• 처음 사용할 때에는 음식이 없는 상태에서 최고 온도(6단계)로 작동한 다음 사용하세요. 이때, 약간의 냄새와 연기가 날 수 있어요.

이렇게 사용하세요

① 전원 플러그를 꽂고 빵 굽기 온도를 원하는 정도에 맞추어요.
② 적절한 두께의 빵을 *투입구에 넣으세요.
③ 옆에 있는 *레버를 아래로 끝까지 내려 주세요.
④ 잠시 후 레버가 올라오면서 바삭하게 ㉠구워진 빵도 올라와요. 뜨거운 빵에 데지 않도록 살짝 잡아 꺼내 주세요.

＊ **작동해**: 기계 등을 움직이게 해.
＊ **플러그**: 전기 회로를 잇거나 끊는 데 쓰려고 전깃줄 끝에 다는 기구.
＊ **콘센트**: 집 안으로 들어오는 전깃줄에 전기 기구의 코드를 연결하는 장치.
＊ **투입구**: 물건 등을 넣는 구멍.
＊ **레버**: 물건을 움직이는 데에 쓰는 막대기.

내용 이해

1 이 글은 무엇을 사용하기 위한 설명서인지 쓰세요.

☐☐☐

구조 알기

2 토스터로 빵을 구울 때 **보기**의 일 다음에 해야 일에 ○표 하세요.

보기	적당한 크기의 빵을 토스터 투입구에 넣는다.

(1) 빵 굽기 온도를 원하는 정도에 맞춘다.   (   )

(2) 구워진 빵이 올라오면 살짝 잡아 꺼낸다.   (   )

(3) 옆에 있는 레버를 아래로 끝까지 내린다.   (   )

어휘 알기

3 ㉠과 바꾸어 쓸 수 있는 낱말은 무엇인가요? (   )

① 볶은   ② 튀긴   ③ 삶은   ④ 익은   ⑤ 얼린

추론하기

4 이 글과 같은 방법으로 쓸 수 있는 글의 주제에 ○표 하세요.

(1) 세계의 빵   (   )   (2) 자전거의 생김새   (   )

(3) 샌드위치 만드는 법 (   )   (4) 하품이 나오는 까닭 (   )

[5~6] 다음을 읽고 물음에 답하세요.

연필깎이 사용법

☆☆ 연필깎이는 바닥면에 고무가 붙어 있어서 다음 순서대로 사용하면 ㉠안전하게 사용할 수 있습니다.

㉡먼저, 연필을 왼손으로 잡고 구멍 끝까지 밀어 넣어서 끼웁니다.

㉢그다음에는 손잡이를 ㉣오른손으로 둥글게 돌리면 연필이 깎입니다. 손잡이가 *겉돌면 연필이 다 깎인 것이므로 연필을 빼내면 됩니다.

㉤마지막으로, 쓰고 난 연필 가루 통은 깨끗이 비웁니다.

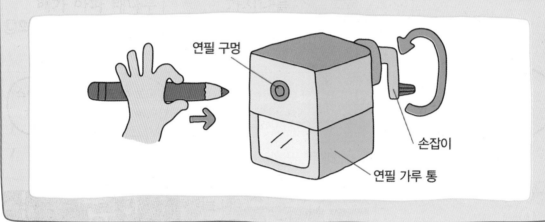

연필 구멍

손잡이

연필 가루 통

＊ **겉돌면**: 바퀴나 기계 같은 것이 헛돌면.

내용 이해

5 이 글을 쓴 까닭으로 알맞은 것에 ○표 하세요.

(1) 연필깎이의 위험성을 알리려고　(　　　)

(2) 연필깎이의 사용법을 알리려고　(　　　)

(3) 연필깎이의 좋은 점을 알리려고　(　　　)

어휘 알기

6 ㉠~㉤ 중 일하는 방법의 차례를 나타내는 말을 모두 찾아 기호를 쓰세요.

(　　　　　　　　　　　)

1 ( ) 안에 들어갈 알맞은 낱말을 보기 에서 찾아 쓰세요.

보기	작동	레버	투입구

(1) 자판기의 동전 ( )에 동전을 넣는다.

(2) 세탁기가 고장이 나서 ( )이 안 된다.

(3) 토스터 옆에 있는 ( )를 아래로 끝까지 내려 주세요.

2 다음 낱말과 뜻이 반대되는 말을 보기 에서 찾아 쓰세요.

보기	끝	빼다	오른손	위험하다

논설문 글의 중요한 내용 간추리기

ㄱ

어린이의 사용이 점점 늘고 있는 스마트폰! 스마트폰은 처음 접할 때부터 올바르게 사용하는 습관을 갖는 것이 중요하다고 합니다. 그렇다면 스마트폰을 사용하는 올바른 습관에는 어떤 것이 있을까요?

첫째, 스마트폰의 사용 시간을 정해서 이용해야 합니다. 어린이는 아직 스스로 *조절하는 능력이 부족하기 때문에, 사용 시간을 정해서 사용하지 않으면 학교나 가정에서 해야 할 일에 *소홀하기 쉽습니다. 또, 시각적 *자극에만 익숙해져 뇌가 건강하게 발달하지 못하게 되고 운동할 시간도 줄어 *체력도 약해집니다.

둘째, 바른 자세로 스마트폰을 이용해야 합니다. 구부정한 자세로 스마트폰을 오래 보면 자세도 나빠지고 시력도 떨어집니다.

셋째, 가족, 친구와 함께 있을 때에는 되도록 스마트폰을 사용하지 말아야 합니다. 스마트폰을 보느라 사람들과 직접 대화하고 소통하지 않는다면 그들과의 소중한 시간과 경험을 놓칠 수 있기 때문입니다.

이와 같이 스마트폰은 편리한 도구지만 올바르게 사용하지 않으면 오히려 해로울 수 있습니다. 올바른 사용 습관을 익혀서 스마트폰을 지혜롭게 사용해야 합니다.

어떻게 읽을까?
글쓴이가 스마트폰의 올바른 사용에 대해 내세우는 의견과 까닭을 찾으면서 읽어 봐.

* **조절하는**: 균형을 이루게 바로잡거나 알맞게 잘 맞추는.
* **소홀하기**: 허투루 여기고 아무렇게나 대하는 태도가 있기.
* **자극**: 마음이나 몸에 영향을 미치는 것.
* **체력**: 몸을 움직여 어떤 일을 할 수 있는 힘.

내용 이해

1 ㉠에 들어갈 글의 제목에 알맞은 낱말을 빈칸에 쓰세요.

[　][　][　][　] 을 올바르게 사용하자

구조 알기

2 다음은 이 글의 내용을 간추린 것이에요. 빈칸에 들어갈 내용을 모두 고르세요.

(　　　　)

스마트폰의 올바른 사용 습관	[　　　　　　　　　　]
	바른 자세로 스마트폰을 이용해야 한다.
	[　　　　　　　　　　]

① 스마트폰은 자세와 시력에 영향을 준다.

② 스마트폰은 여러 가지 편리한 기능이 있다.

③ 스마트폰은 우리 생활에 꼭 필요한 물건이다.

④ 스마트폰의 사용 시간을 정해서 이용해야 한다.

⑤ 가족, 친구와 있을 때에는 되도록 스마트폰을 사용하지 말아야 한다.

비판하기

3 이 글을 읽고 글쓴이의 의견에 대해 알맞게 판단한 친구의 이름을 쓰세요.

> 재훈: 글쓴이의 의견은 옳지 않아. 스마트폰으로 친구들과 더 자주 연락해야 친해질 수 있어.
>
> 은채: 글쓴이의 의견이 옳다고 생각해. 나도 스마트폰을 하다가 숙제하는 것을 잊어버린 적이 있거든.

(　　　　　　)

[4~5] 다음을 읽고 물음에 답하세요.

밥 한 번, 스마트폰 한 번

가족과의 식사 시간, 친구와의 대화 시간
사랑하는 사람을 앞에 두고
스마트폰에 *시선을 빼앗긴 사람들
당신도 스마트폰을 보고 있지는 않나요?
스마트폰 사용량 전 세계 1위 대한민국
스마트폰 사용 만큼은 *구두쇠가 되어도
좋습니다.

＊ **시선**: 어떤 쪽을 바라보는 눈.
＊ **구두쇠**: 돈이나 물건을 지나치게 아끼는 사람.

4 이 광고에 나타난 의견으로 알맞은 것에 ○표 하세요.

(1) 스마트폰 사용 시간을 줄이자. ( )

(2) 가족과 함께 식사하는 시간을 늘리자. ( )

(3) 스마트폰을 사용해서 친구와 대화하자. ( )

5 다음은 이 광고의 내용을 간추린 것이에요. 빈칸에 공통으로 들어갈 낱말을 쓰세요.

우리나라는 사랑하는 사람들과 대화하는 시간에도 [   ]을 볼 정도
로 [   ]을 많이 사용한다. 그러므로 [   ] 사용을 줄여야 한다.

( )

46

1 가로 열쇠와 세로 열쇠를 풀어서 빈칸에 알맞은 낱말을 쓰세요.

가로 열쇠

② 마음이나 몸에 영향을 미치는 것.
　예 햇볕이 피부에 심한 ○○을 주었어.

③ 눈으로 어떤 것을 보는 힘.
　예 나는 ○○이 좋아요.

④ 뜻이 서로 통하여 오해가 없음.
　예 서로의 의견이 잘 ○○되다.

⑥ 몸이 조금 구부러져 똑바르지 않다.
　예 자세가 ○○○○○.

⑦ 균형을 이루게 바로잡거나 알맞게 잘 맞추는 것.
　예 건강을 위해 식사량을 ○○해야 해.

세로 열쇠

① 몸을 움직여 어떤 일을 할 수 있는 힘.
　예 초등학생들의 ○○이 많이 떨어졌어.

③ 어떤 일을 하기로 정해 놓은 때. 또는 하루 중의 어느 한 때.
　예 수업 ○○, 쉬는 ○○. 뉴스 ○○.

④ 허투루 여기고 아무렇게나 대하는 태도가 있다. 예 요즘 오빠가 공부에 ○○○○.

⑤ 여러 가지 컴퓨터 기능이 있는 휴대 전화기.
　예 ○○○○○으로 기차표를 예매했어요.

⑥ 돈이나 물건을 지나치게 아끼는 사람.
　예 스크루지 영감은 ○○○였다.

창작 동화 이야기에서 재미나 감동을 주는 부분 찾기

두꺼비

*볏이 붉은 해처럼 고운 수탉 한 마리가 두꺼비 곁으로 다가왔습니다.
"두껍아, 너 혼자서 참 외롭겠구나. 내가 친구가 되어 줄게. *두둘두둘
네 징그러운 몸뚱이를 보면 아무도 가까이 오지 않을 거야. 게다가 네
발로 *엉기적엉기적 걸어가는 모습은 바보같이 보이거든. 커다란 입,
툭 불거진 눈망울은 꼭 괴물처럼 생겼으니, 아무도 널 좋아할 사람은
없는 게 마땅해. 난 이렇게 멋지게 잘생겼다고 모두들 칭찬을 한단다.
그래서 다투어 친구가 되려 하지만 그건 도리어 귀찮은 일이야. 친구란
마음이 맞아야 된다는 걸 난 알고 있거든."

수탉은 친절하게 두꺼비와 나란히 걸어가면서 말하는 것이었습니다.
두꺼비는 조금 부끄러운 듯이 웃었습니다. / "고맙다, 수탉아."

둘은 시냇물이 흐르는 둑길을 걸었습니다. (중략) 길바닥엔 먹을 것이
수없이 많았습니다. 그것을 주워 먹느라 수탉은 *숫제 아래만 내려다보
고 걸었습니다. 반대로 두꺼비는 그 큰 눈을 푸른 하늘을 바라보며 무엇
을 생각하는 것이었습니다. / 그렇게 하다 보니, *한나절을 함께 걸었어
도 둘은 얘기 한 마디 나눌 수 없었습니다. 두꺼비가 잠깐 멈춰 서더니,
수탉을 향해 말했습니다.

"너처럼 잘생긴 친구와 걷는 것은 좋지만, 줄곧 땅만 내려다보고 먹을
것만 찾는 너하고는 아무래도 사랑하는 친구가 될 수 없어. 먹을 것이
란 세 끼 필요한 양식만 있으면 그만이야."

권정생, 「두꺼비」

어떻게 읽을까?
두꺼비와 수탉의 말과 행동에서 재미있거나 감동적인 부분을 찾으며 읽어 봐.

* 볏: 닭이나 새 등의 이마 위에 세로로 붙은 살 조각.
* 두둘두둘: 물체의 겉에 불룩한 것들이 솟아 나오거나 붙어 있어 고르지 않은 모양.
* 엉기적엉기적: 뒤뚱거리며 느릿느릿 걷거나 기는 모양.
* 숫제: 처음부터 차라리.
* 한나절: 하루 낮의 절반.

내용 이해

1 이야기에 나오는 인물은 누구와 누구인지 빈칸에 쓰세요.

☐☐ 과 ☐☐☐

내용 이해

2 이 글을 읽고 알 수 있는 것은 무엇인가요? (　　)

① 두꺼비는 먹는 것을 좋아한다.

② 수탉은 두꺼비를 보고 고마워했다.

③ 두꺼비와 수탉은 마음이 잘 맞는다.

④ 모두가 두꺼비와 친구가 되고 싶어한다.

⑤ 두꺼비와 수탉은 한나절을 걸었지만 얘기를 나누지 못했다.

비판하기

3 이 글에서 재미나 감동을 주는 부분을 알맞게 말한 친구에게 ○표 하세요.

(1) 수탉이 두꺼비의 겉모습을 멋지게 표현한 부분이 재미있어.

(2) 멋쟁이 수탉이 보잘것없는 두꺼비와 친구가 되려 하다니 정말 감동적이야.

(3) 두꺼비가 잘난 체하는 수탉에게 친구가 될 수 없다고 따끔하게 말하는 장면이 통쾌했어.

추론하기

4 이 글 뒤에 이어질 내용으로 알맞은 것에 ○표 하세요.

(1) 수탉과 두꺼비가 좋은 친구가 되었다. (　　)

(2) 두꺼비가 자신이 먹던 음식을 나누어 주었다. (　　)

(3) 두꺼비가 혼자 가고 수탉이 그 모습을 지켜보았다. (　　)

*늠름하고 잘생긴 말이 있었어요. 말은 늘 화려하게 꾸미고 다녔지요.
그래서 말이 지나갈 때면 모두가 부러운 눈으로 바라보았어요.

"나처럼 날렵하고 멋진 *갈기를 가진 동물이 또 있을까?"

어느 날, 말이 지나가는데 짐을 잔뜩 진 당나귀가 길을 막았어요.

"흥, 귀하신 몸이 지나가는데 하찮은 일을 하는 동물이 길을 막다니!"

당나귀는 화가 났지만 꾹 참았어요. 그 뒤 말은 시합에 나갔다가 넘어져 크게 다쳤어요. 결국 말은 밭에서 등이 휘도록 일을 해야만 했지요.

마침 당나귀가 풀을 뜯어 먹다가 이 모습을 보았어요.

"쯧쯧, 잘난 척하더니 나처럼 일을 하는 불쌍한 *신세가 되었군!"

이솝, 「오만한 말의 몰락」

* **늠름하고**: 생김새나 태도가 의젓하며 당당하고.
* **갈기**: 말이나 사자 등의 목덜미에 난 긴 털.
* **신세**: 어려운 처지나 형편.

5 이 글에 나타난 말의 성격으로 알맞은 것을 모두 고르세요. (   )

① 건방지다.　　　② 지혜롭다.　　　③ 친절하다.

④ 꾀가 많다.　　　⑤ 잘난 척을 잘한다.

6 이 글을 읽고 재미나 감동을 주는 부분을 알맞게 말한 친구의 이름을 쓰세요.

선우: 잘난 체하던 말이 점점 일을 열심히 하게 된다는 점이 감동적이야.

이준: 자기만 알던 말이 결국 당나귀가 보기에도 불쌍한 신세가 되어 속이 시원했어.

(　　　　　　　)

1 다음 뜻에 알맞은 낱말을 글자 카드에서 찾아 빈칸에 쓰세요. (글자 카드는 여러 번 쓸 수 있어요.)

나	양	신
둘	세	절
한	식	두

(1) 하루 낮의 절반. ⟹ ☐ ☐ ☐

(2) 어려운 처지나 형편. ⟹ ☐ ☐

(3) 물체의 겉에 불룩한 것들이 솟아 나오거나 붙어 있어 고르지 않은 모양. ⟹ ☐ ☐ ☐

2 ( ) 안에 알맞은 낱말을 골라 ○표 하세요.

(1)

수탉의 이마 위에 (볏 / 뿔)이 있다.

(2)

사슴의 머리에 (볏 / 뿔)이 솟아 있다.

(3)

물고기의 몸에는 (비늘 / 갈기)이 있다.

(4)

말의 목덜미에는 (비늘 / 갈기)가 있다.

오늘 학습은 어땠나요? ☑해 보세요.   쉬움 ☐   보통 ☐   어려움 ☐

설명문 글을 쓴 까닭 파악하기

플리마켓을 아세요?

여러분은 오랫동안 안 쓰는 물건이 있을 때 어떻게 하나요? 친구나 동생에게 줄 수도 있지만, 필요한 사람에게 팔 수도 있지요. 이미 썼던 물건을 어떻게 파냐고요? 그럼 플리마켓에 대해 알려 줄게요.

플리마켓은 안 쓰는 물건을 공원 등에 가지고 나와 사고팔거나 서로 바꾸는 시장을 말해요. 플리마켓은 '벼룩시장'이라는 뜻인데, *벼룩이 있을 정도로 오래된 물건을 판다는 뜻에서 그렇게 불렀을 것이라고 해요. 유럽에서는 플리마켓이 우리나라보다 일찍 발달했어요. 아주 오래전부터 오래된 가구와 같은 *골동품부터 찻잔, 우표, 인형, 책 등의 *중고품까지 여러 가지 물건을 플리마켓에서 서로 사고팔았답니다.

어떻게 읽을까?
제목에 주의해 글쓴이가 플리마켓에 대한 글을 쓴 까닭을 짐작하며 읽어 봐.

플리마켓은 이미 사용한 물건을 사고팔기 때문에 가격이 싸다는 특징이 있어요. 그리고 한번 쓰고 버려질 물건들을 누군가 다시 사용하기 때문에 환경을 보호한다는 장점도 있지요.

최근에는 플리마켓의 형태도 다양해지고 있어요. 교육 목적의 어린이 플리마켓을 비롯해 시장에 직접 가지 않아도 되는 온라인 플리마켓, 문화 공연이 펼쳐지는 플리마켓 등 새로운 형태와 다양한 주제의 플리마켓이 열린답니다. 또한 여기서 나온 *수익금을 사회에 *기부하는 문화도 함께 자리 잡고 있어요.

* **벼룩**: 사람이나 짐승 몸에 붙어서 피를 빨아 먹고 사는 작은 곤충.
* **골동품**: 오래되어 희귀한 옛 물건.
* **중고품**: 좀 오래되거나 낡은 물건.
* **수익금**: 장사 같은 일을 해서 거두어들인 돈.
* **기부하는**: 남을 도우려고 돈이나 물건을 대가 없이 내놓는.

1 글쓴이가 이 글을 쓴 까닭으로 알맞은 것에 ○표 하세요.

(1) 플리마켓을 자주 열자는 의견을 내세우려고   (   )

(2) 플리마켓을 열면 수익금이 생긴다는 사실을 알려 주려고   (   )

(3) 플리마켓을 모르는 사람에게 플리마켓에 대해 알려 주려고   (   )

2 플리마켓에 대한 설명으로 알맞지 <u>않은</u> 것은 무엇인가요? (   )

① 플리마켓은 '벼룩시장'이라는 뜻이다.

② 플리마켓은 가격이 싸다는 특징이 있다.

③ 플리마켓은 우리나라에서 처음 시작되었다.

④ 플리마켓은 안 쓰는 물건을 사고파는 시장이다.

⑤ 최근에는 다양한 형태의 플리마켓이 열리고 있다.

3 다음 뜻을 가진 낱말을 글에서 찾아 쓰세요.

> 오래되어 희귀한 옛 물건.

(   )

4 이 글에 대해 알맞게 말한 친구의 이름을 쓰세요.

> 은유: 플리마켓과 시장을 비교하여 설명하고 있어.
>
> 나린: 플리마켓의 뜻과 특징, 최근 플리마켓의 형태 등을 설명하고 있어.
>
> 규노: 온라인 플리마켓에서 사고팔 수 있는 다양한 물건의 가격을 하나씩 알려 주고 있어.

(   )

[5~6] 다음을 읽고 물음에 답하세요.

부모와 자녀가 함께하는 플리마켓

언제 5월 20일 토요일 10시~12시

어디서 △△시청 주차장

누가 지역 주민이면 누구나

신청 △△시청 누리집

문의 ☆☆☆-△△△-1435

△△시청에서 어린이의 경제 교육과 환경 보호 *실천을 위해 부모와 자녀가 함께하는 플리마켓을 *개최합니다. 관심 있는 초등학생과 학부모님의 많은 *참여를 바랍니다.

체험 부스 운영

풍선 아트   *페이스 페인팅   손 소독제 만들기   팝콘 나눔

＊ **실천**: 생각한 것을 실제로 하는 것.
＊ **개최합니다**: 모임이나 회의 등을 엽니다.
＊ **참여**: 어떤 일에 함께하는 것.
＊ **페이스 페인팅**: 얼굴에 그림을 그리는 일. 또는 그 그림.

내용 이해

5 이 안내문을 쓴 까닭에 ○표 하세요.

(1) 환경을 보호하자는 의견을 내세우기 위해 ( )

(2) △△시청에서 열리는 플리마켓 행사를 알리기 위해 ( )

(3) 플리마켓이 무엇인지 △△시 주민에게 알려 주기 위해 ( )

내용 이해

6 이 글에서 알 수 <u>없는</u> 내용은 무엇인가요? ( )

① 플리마켓이 열리는 때   ② 플리마켓이 열리는 곳
③ 플리마켓에 가는 방법   ④ 플리마켓에 참여하는 방법
⑤ 플리마켓에 참여할 수 있는 사람

1 다음 뜻에 알맞은 낱말을 빈칸에 쓰세요.

어떤 일에 함께하는 것.

생각한 것을
실제로 하는 것.

남을 도우려고 돈이나
물건을 대가 없이 내놓음.

(1) ☐☐   (2) ☐☐   (3) ☐☐

2 반대말끼리 짝 지어진 것으로 알맞으면 ○표, 알맞지 않으면 ✕표에 색칠하세요.

(1) 사다 - 팔다

(2) 줍다 - 버리다

(3) 싸다 - 비싸다

(4) 필요하다 - 유용하다

논설문 글쓴이의 의견 파악하기

엘리베이터를 올바르게 이용하려면

요즘은 어디에서든 엘리베이터를 자주 이용합니다. 그런데 몇몇 사람들이 엘리베이터 *예절을 지키지 않아 *눈살을 찌푸리게 되는 경우가 있지요. 어떻게 하면 엘리베이터를 올바르게 이용할 수 있을까요?

첫째, 엘리베이터가 서면 차례로 내리고 탑니다. 내리기도 전에 먼저 타려고 하거나 차례를 지키지 않으면 타고 내리는 시간도 오래 걸리고 사람들끼리 서로 엉켜서 다칠 수도 있기 때문입니다.

어떻게 읽을까?
엘리베이터를 올바르게 이용하는 방법에 대한 글쓴이의 의견과 그 까닭을 생각하며 읽어 봐.

둘째, 엘리베이터 안에서 장난을 치지 않습니다. 엘리베이터에서 발을 구르거나 뛰면 엘리베이터가 흔들려 다른 사람에게 *불쾌감을 주거나 기계가 고장 날 수 있기 때문입니다.

셋째, ㉠엘리베이터에 반려동물과 함께 탈 때에는 안거나 몸으로 막아섭니다. 왜냐하면 *반려동물이 예상하지 못한 행동을 할 수도 있고, 반려동물을 싫어하는 사람에게 두려움이나 불쾌감을 줄 수 있기 때문입니다.

넷째, 엘리베이터 안에서는 큰 소리로 대화를 하거나 전화 통화를 하지 않습니다. 엘리베이터는 모두가 사용하는 공공장소이므로 다른 사람에게 피해를 주는 행동을 ㉡함부로 해서는 안 됩니다.

이와 같이 엘리베이터는 여러 사람이 함께 이용하는 시설이므로 서로 *배려하면서 올바르게 이용합시다.

* **예절**: 남을 대하거나 어떤 일을 할 때 갖추어야 할 바른 태도와 절차.
* **눈살**: 두 눈썹 사이에 잡히는 주름.
* **불쾌감**: 못마땅하여 기분이 좋지 않은 느낌.
* **반려동물**: 가까이 두고 기르는, 사람과 더불어 살아가는 동물.
* **배려하면서**: 남을 돕거나 보살펴 주려고 마음을 쓰면서.

내용 이해

1 이 글에 나타난 글쓴이의 의견으로 알맞은 것에 ○표 하세요.

(1) 엘리베이터를 이용하지 말자.　　（　　　）

(2) 엘리베이터를 올바르게 이용하자.　（　　　）

(3) 엘리베이터 대신 계단을 이용하자.　（　　　）

내용 이해

2 다음은 ㉠의 까닭이에요. 빈칸에 들어갈 알맞은 낱말을 쓰세요.

□□□□이 예상하지 못한 행동을 하거나 다른 사람에게 □□□이나 불쾌감을 줄 수 있기 때문이다.

어휘 알기

3 ㉡과 바꾸어 쓸 수 있는 낱말은 무엇인가요? (　　　)

① 바로　　　② 마구　　　③ 기꺼이　　　④ 우연히　　　⑤ 사이좋게

비판하기

4 글쓴이의 의견에 대해 알맞게 판단한 친구에게 ○표 하세요.

(1) 글쓴이의 의견은 옳아. 공공장소에서 다른 사람에게 피해를 주면 안 돼.

(2) 글쓴이의 의견은 옳지 않아. 요즘 엘리베이터는 튼튼해서 쉽게 고장 나지 않거든.

[5~6] 다음을 읽고 물음에 답하세요.

안녕하세요? 저는 504호 윤서예요.

㉠제가 이 글을 쓰는 까닭은 어제도 본 갈색 큰 강아지 때문이에요.

저는 동물을 좋아하지만 큰 강아지는 조금 무서워요. 이 강아지와 딱 마주치면 가슴이 벌렁거리고 몸이 *오그라지는 것 같아요. 만약, 엘리베이터 안이라면 도망갈 수도 없잖아요.

㉡밖에 나갈 때는 강아지에게 꼭 *입마개를 해 주세요. ㉢강아지가 목줄을 하고 있어도 갑자기 어떤 일이 생길지 모르니까요. 그리고 입마개를 하면 갈색 큰 강아지와 좀 더 친해질 수 있을 것 같아요.

㉣강아지야, 우리 입마개 하고 다시 만나자!

큰 강아지가 무서운 윤서 올림

* **오그라지는**: 몸이 움츠러져 작게 되는.
* **입마개**: 입을 가리거나 막는 물건.

5 이 글에 나타난 글쓴이의 의견에 ○표 하세요.

큰 강아지는 밖에 데리고 다니지 마세요.	큰 강아지는 외출할 때 꼭 입마개를 해 주세요.	강아지가 엘리베이터를 타지 못하게 해 주세요.
(1) ( )	(2) ( )	(3) ( )

6 ㉠~㉣ 중 글쓴이의 의견에 대한 까닭이 나타난 문장의 기호를 쓰세요.

(   )

1 다음 뜻에 알맞은 낱말을 암호 카드에서 찾아 빈칸에 쓰세요.

기호	★	◆	♤	♥	♣	☆	▲	♧	♠	♡
글자	려	눈	감	반	배	살	쾌	불	동	물

(1) 두 눈썹 사이에 잡히는 주름을
◆ ☆ 이라고 해요.

➡ ☐ ☐

(2) ♣ ★ 는 남을 돕거나
보살펴 주려고 마음을 쓰는
것을 말해요.

➡ ☐ ☐

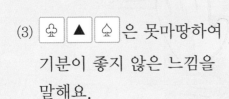

(3) ♧ ▲ ♤ 은 못마땅하여
기분이 좋지 않은 느낌을
말해요.

➡ ☐ ☐ ☐

(4) 정을 나누려고 가까이 두고
기르는 동물을 뜻하는 말은
♥ ★ ♤ ♡ 이에요.

➡ ☐ ☐ ☐ ☐

동시 시에서 재미나 감동을 주는 부분 찾기

할아버지 안경

문삼석

몰래 써 본
할아버지 안경,

어떻게 읽을까?
시에서 어떤 장면이 떠오르는지 그리고 시의 어떤 부분이 기억에 오래 남는지 찾아봐.

어이쿠!
어지럽다.

아하, 그래서 할아버진
*으레 신문을 보실 때마다

㉠－세상이 어지럽다
　　세상이 어지러워!

끌끌끌
혀만 차셨던 거구나.

* **으레**: 두말할 것 없이 당연히.

내용 이해

1 말하는 이가 몰래 써 본 것에 ○표 하세요.

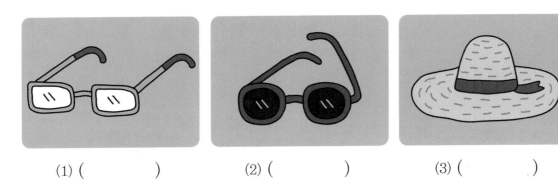

(1) (   )   (2) (   )   (3) (   )

내용 이해

2 이 시로 보아 '할아버지 안경'과 '세상'의 공통점은 무엇인가요? (   )

① 좁다.   ② 넓다.   ③ 가볍다.

④ 편리하다.   ⑤ 어지럽다.

내용 이해

3 ㉠은 누가 한 말인가요? (   )

① 안경   ② 엄마   ③ 글쓴이

④ 할아버지   ⑤ 말하는 이

비판하기

4 이 시를 읽고 재미나 감동을 주는 부분을 알맞게 말하지 <u>못한</u> 친구의 이름을 쓰세요.

> 영웅: 말하는 이가 할아버지 안경을 닦아 드린 것이 감동적이야.
>
> 소라: 할아버지 안경을 쓰고 어지러웠을 말하는 이를 생각하니 재미있어.
>
> 은채: 나도 말하는 이처럼 할아버지 안경을 쓰고 어지러웠던 경험이 있어서 실감 났어.

(   )

[5~6] 다음을 읽고 물음에 답하세요.

잠자리 동동

파리 동동 잠자리 *동동
거미 동동 잠자리 동동

메뚜기 동동 잠자리 동동
나비 동동 잠자리 동동

서울 *자리 좋다 시골 자리 좋다
저리 가면 죽고 이리 오면 산다

＊ **동동**: 작은 것이 떠서 움직이는 모양.
＊ **자리**: 사람이나 물건이 차지하고 있는 공간.

5 이 시를 읽고 떠올릴 수 있는 장면에 모두 ○표 하세요.

(1) 아이들이 잠자리를 잡으려고 하는 모습 　　　　　　　　　　　(　　)

(2) 서울과 시골 사람들이 이리저리 이사 가는 모습 　　　　　　　　(　　)

(3) 잠자리가 이곳저곳 자리를 옮기며 날아다니는 모습 　　　　　　(　　)

6 이 시를 읽고 재미나 감동을 주는 부분을 알맞게 말한 친구의 이름을 쓰세요.

주은: 곤충들이 서로 누가 빠른지 시합하는 모습이 떠올라서 재미있어.

승찬: 서울 사람과 시골 사람이 서로 자기 고향이 좋다고 자랑하는 모습
　　　이 떠올라서 재미있어.

예슬: '동동'이라는 말을 반복해서 곤충들이 이리저리 자리를 옮기는 모습
　　　을 실감 나게 표현해서 재미있어.

(　　　　　　)

1 다음 뜻에 알맞은 낱말을 찾아 낚싯대와 물고기를 선으로 이으세요.

(1) 사람이나 물건이 차지하고 있는 공간이라는 뜻이에요.

(2) 두말할 것 없이 당연히라는 뜻이에요.

(3) 작은 것이 떠서 움직이는 모양을 나타낸 말이에요.

자리

으레

어이쿠

동동

2 빈칸에 공통으로 들어갈 낱말을 보기 에서 찾아 쓰세요.

보기	차다	좋다	보다	오다

(1)
• 날씨가 ☐.
• 품질이 ☐.
➡ ☐☐

(2)
• 갑자기 눈이 ☐.
• 동생이 학교에 ☐.
➡ ☐☐

(3)
• 형이 공을 ☐.
• 할아버지가 혀를 ☐.
➡ ☐☐

(4)
• 수학 시험을 잘 ☐.
• 도서관에서 책을 ☐.
➡ ☐☐

오늘 학습은 어땠나요? ✔해 보세요.　　쉬움 ☐　　보통 ☐　　어려움 ☐

63

전주비빔밥이 유명한 까닭

▲ 전주비빔밥

비빔밥은 밥에 고기와 나물 등을 넣고, 여러 가지 *양념을 넣어 비벼 먹는 우리나라 전통 음식이에 요. 비빔밥은 지역별로 다양하게 발전해 왔는데, 그 중에서도 전주비빔밥이 유명한 까닭은 무엇일까요?

전주비빔밥은 여러 나물에 양념으로 맛과 간을 더해 만든다는 점에서 는 다른 비빔밥과 비슷해요. 하지만 전주비빔밥에는 특별한 점이 있어요.

첫째, 전주비빔밥은 밥을 ㉠지을 때 소고기를 진하게 *우린 물을 사용 해요. 이렇게 밥을 지으면 밥알이 서로 달라붙지 않아서 나물과 섞어 비 빌 때 잘 비벼지고 밥에 윤기가 나지요.

㈎ 둘째, 전주비빔밥은 주변에서 나는 풍부한 음식 재료가 들어 있어요. 고슬고슬한 밥 위에 *육회, 콩나물, 애호박볶음, 미나리나물, 고사리나 물, 당근 볶은 것, *황포묵 등 다양한 *고명을 올려요. 그리고 생달걀과 계절에 따라 은행, 잣, 밤 등으로 멋을 내기도 하지요. 이 중에서 육회와 콩나물은 전주비빔밥에 빠지지 않고 꼭 들어가는 중요한 음식 재료예요.

마지막으로 전주비빔밥은 색깔과 모양이 보기 좋아요. 금색의 놋그릇 안에 하양, 노랑, 빨강, 초록, 검정 등 색색의 나물들이 마치 꽃 모양처 럼 돌려 담겨 있어서 먹음직스러워요. 또 고명으로 쓰인 나물들은 계절 에 따라 조금씩 달라 색깔도 맛도 다양하답니다.

어떻게 읽을까?
전주비빔밥이 유명한 까닭 이 무엇인지 주요 내용을 정리하며 읽어 봐.

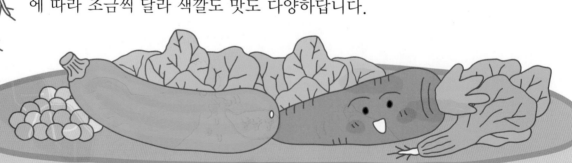

* **양념** : 간을 맞추거나 맛을 내려고 음식에 넣는 것. 고춧가루, 깨소금, 파, 마늘, 간장, 소금 등이 있음.
* **우린** : 어떤 재료를 물에 담가 맛, 빛깔 같은 것이 빠져나오게 한.
* **육회** : 소고기를 잘게 썰어 갖은양념을 하여 날로 먹는 음식.
* **황포묵** : 녹두의 앙금과 노란 치자 물을 섞어 쑨 묵.
* **고명** : 음식을 보기 좋고 맛있게 하기 위해 음식 위에 얹거나 뿌리는 것.

맛있겠다!

추론하기

1 이 글의 제목을 보고 짐작한 내용을 알맞게 말한 친구에게 ○표 하세요.

 (1) 전주비빔밥이 유명한 식당을 소개해 줄 거야.

 (2) 전주비빔밥이 가진 특별한 점에 대해 나올 거야.

 (3) 지역마다 어떤 비빔밥이 있는지 자세히 알려 줄 거야.

내용 이해

2 전주비빔밥이 유명한 까닭으로 알맞지 <u>않은</u> 것을 모두 고르세요. (　　　　)

① 만드는 방법이 매우 쉬워서

② 색깔과 모양이 보기 좋아서

③ 소고기를 우린 물로 밥을 지어서

④ 전주비빔밥이 다른 비빔밥보다 건강에 좋아서

⑤ 주변에서 나는 풍부한 음식 재료가 들어 있어서

어휘 알기

3 ㉠과 바꾸어 쓸 수 있는 낱말은 무엇인가요? (　　　　)

① 넣을　　　　② 만들　　　　③ 붙을　　　　④ 섞을　　　　⑤ 두드릴

내용 이해

4 다음은 ㈎의 내용을 간추린 것이에요. 빈칸에 들어갈 알맞은 낱말을 쓰세요.

　　전주비빔밥에는 풍부한 음식 재료가 들어 있다. 밥 위에 여러 가지 나

물과 육회, 황포묵, 생달걀 등 다양한 □□ 중에서 □□와 □□

□□은 꼭 들어가는 중요한 재료이다.

[5~6] 다음을 읽고 물음에 답하세요.

콩나물비빔밥 만들기

〈재료〉 밥 한 공기, 콩나물, 당근, 소고기 다진 것, 김 가루 외 양념 약간씩.

〈만드는 법〉

① 끓는 물에 콩나물과 *채를 썬 당근을 함께 삶아 주세요.

② ①을 건져 물기가 없게 짜고 소금 간을 약간 해 주세요.

③ 프라이팬에 다진 소고기를 익을 때까지 볶아 주세요.

④ 밥을 담고 *무쳐 놓은 콩나물과 당근을 듬뿍 올려 주세요.

⑤ ④ 위에 김 가루를 얹고 그 위에 볶은 소고기를 올려 주세요.

⑥ 맨 위에 간장을 살짝 넣고 참기름과 깨소금을 뿌려 주세요.

* **채**: 채소나 과일 등을 잘게 썬 것.

* **무쳐**: 나물 등에 갖은양념을 넣고 골고루 한데 뒤섞어.

추론하기

5 이 글의 제목을 보고 짐작한 내용을 알맞게 말한 친구의 이름을 쓰세요.

> 수빈: 제목에 만들기가 있으니 가위와 풀의 사용법이 나오겠네.
>
> 세연: 비빔밥의 주된 재료가 콩나물이고 만들 방법이 나오겠구나.
>
> 은우: 비빔밥이라는 말이 있으니 밥을 맛있게 비비는 법이 나올 거야.

(   )

구조 알기

6 콩나물비빔밥을 만들 때 가장 <u>먼저</u> 해야 할 일에 ○표 하세요.

(1) 프라이팬에 다진 소고기를 볶는다.   (   )

(2) 콩나물과 채 썬 당근을 삶아서 짠 다음 간을 한다.   (   )

(3) 그릇에 밥을 담고 콩나물, 김 가루, 볶은 소고기를 올린다.   (   )

1 첫소리를 참고해 다음 뜻에 알맞은 낱말을 빈칸에 쓰세요.

(1)

ㅊ

채소나 과일 등을
잘게 썬 것.

(2)

ㅇ ㄴ

간을 맞추거나
맛을 내려고
음식에 넣는 것.

(3)

ㄱ ㅁ

음식을 보기 좋고 맛있게
하기 위해 음식 위에 얹거나
뿌리는 것.

2 보기 처럼 나머지 셋을 포함하는 낱말에 색칠하세요.

보기	양념	된장	간장	고추장
(1)	밥	국	떡	음식
(2)	채소	당근	배추	미나리
(3)	컵	그릇	공기	접시

〈대단한 독해〉 한 권 끝!

공부하느라 수고했어요. 어떻게 공부했는지
스스로 돌아보며 ✔표 해 보세요.

한 회씩 꾸준히 공부했나요?	예 ☐	아니요 ☐
스스로 공부했나요?	예 ☐	아니요 ☐
문제를 끝까지 다 풀었나요?	예 ☐	아니요 ☐
재미있게 공부했나요?	예 ☐	아니요 ☐
틀린 문제는 왜 틀렸는지 한 번 더 확인했나요?	예 ☐	아니요 ☐

〈대단한 독해〉로
독해왕이
될 테야!

1회   9~11쪽

1 (2) ○   **2** (1) 산 (2) 병원 (3) 학교   **3** ③
4 ④   **5** (1) ○   **6** (순서대로) 지도, 방향, 편리

☆어휘력 땅땅   **1** (1) 표면 (2) 기울기 (3) 표시

2 (1) 오른쪽 (2) 줄이다

1 이 글은 지도를 잘 읽기 위해 지도에 표시된 내용들을 하나씩 자세하게 알려 주는 설명문입니다.

2 지도에서 (1) 땅의 높낮이를 표시하는 선이 있는 곳에 산이 있습니다. (2) 지도 가운데의 사거리에 병원이 있습니다. (3) 철도가 지나가는 길 옆에는 학교가 있습니다.

3 '표시하다'는 글자, 숫자 같은 것으로 어떤 내용을 나타내다라는 뜻으로, '드러내다'와 바꾸어 쓸 수 있습니다.

4 지도는 실제 모습을 줄여서 평평한 표면에 나타낸 그림으로, 지도에는 방향과 장소를 표시하는 기호와 땅의 높낮이를 표시하는 선이 있습니다. 그리고 그 선을 알면 산의 높낮이를 알 수 있다고 했습니다.

5 (1)이 스마트폰으로 디지털 영상 지도를 편리하게 이용한 경우입니다.

☆어휘력 땅땅

1 뜻에 알맞은 낱말을 글자 카드에서 찾아 글자 수에 맞게 빈칸에 씁니다.

2 뜻이 반대되는 낱말을 찾아 문장 안에 넣습니다. (1) '왼쪽'은 북쪽을 향하였을 때 서쪽과 같은 쪽을 뜻하며, 뜻이 반대인 낱말은 '오른쪽'입니다. (2) 본디보다 더 길어지게 하다라는 뜻의 '늘이다'와 뜻이 반대인 낱말은 '줄이다'입니다.

2회   13~15쪽

1 (1) × (2) × (3) ○   **2** (1) ㉠ (2) ㉡, ㉢
3 (1) 1 (2) 3 (3) 2   **4** (1) ○ (2) ○   **5** 서빙고동은 옛날부터 얼음을 얻기 쉬웠습니다.

☆어휘력 땅땅   **1**

1 (1) 석빙고는 조선 시대뿐 아니라 삼국 시대에도 있었습니다. (2) 석빙고가 처음 만들어진 때는 삼국 시대라고 했습니다.

2 ㉠은 주어진 문단을 대표하는 중심 문장이고, ㉡, ㉢은 중심 문장을 설명해 주는 뒷받침 문장입니다.

3 ㈎는 얼음을 잘 보관하기 위해 독특한 구조로 지어진 석빙고에 대해 석빙고의 천장, 바람구멍, 배수로의 순서로 설명하고 있습니다.

4 '서빙고동'은 서쪽에 있는 얼음 창고라는 뜻을 가진 동 이름입니다. (3) 석빙고를 왜 지었는지에 대한 내용은 이 글에 나오지 않습니다.

5 한강과 가까이 위치해 있었기 때문이라는 것과 겨울에 강이 얼면 얼음을 잘라 얼음 창고에 저장했다가 여름에 꺼내 사용했다는 것은 뒷받침 문장입니다.

☆어휘력 땅땅

1 낱말 열쇠에 나온 낱말 뜻을 살펴보고 들어갈 알맞은 낱말을 찾아 색칠합니다.

1 ①   **2** 겁쟁이   **3** (3) ○   **4** 심장, 뇌
5 (3) ○   **6** ②

⭐어휘력 팡팡   **1** (1) 일행 (2) 꾸중   **2** (1) 굴
(2) 을 (3) 춥 (4) 무섭

1 이 글에는 도로시와 토토, 허수아비, 양철
나무꾼, 사자가 나옵니다. 그러나 마녀는
나오지 않았습니다.

2 '겁쟁이'는 겁이 많은 사람을 낮잡아 이르
는 말입니다.

3 ㉠에서 사자는 큰 덩치와 목소리에 비해
부스럭거리는 낙엽 같은 작은 소리에 쉽게
놀라고 겁이 많다는 것을 알 수 있습니다.

4 ㉡ 앞의 두 문장에서 양철 나무꾼과 허수
아비가 갖고 싶은 것이 심장과 뇌라는 것
을 알 수 있습니다. 그래서 양철 나무꾼과
허수아비는 사자가 부러웠습니다.

5 마녀는 도로시 일행을 끌고 가면서 도로시
에게 겁을 주고 있습니다. 그러므로 ㉠에
는 무서운 목소리가 알맞습니다.

6 무서운 마녀에 맞서 물을 뿌리는 행동으로
보아 도로시가 용감한 성격이라는 것을 알
수 있습니다.

⭐어휘력 팡팡

1 (1) '낯'은 눈, 코, 입이 있는 얼굴의 바닥으
로, '얼굴'의 비슷한말이고 (2) '동네'는 여
러 집이 모여 사는 곳으로, '마을'의 비슷한
말입니다. (3) 몸에 닿은 물체나 기온이 낮
다라는 뜻인 '차다'의 비슷한말은 '춥다'이
고, (4) 거리끼거나 무섭고 불안하다라는 뜻
인 '두렵다'의 비슷한말은 '무섭다'입니다.

1 (3) ○   **2** (1) 의견 (2) 까닭 (3) 까닭 (4) 까닭
3 (3) ○   **4** (2) ○   **5** 주차, 정차

⭐어휘력 팡팡   **1** (1) (순서대로) 보호, 벌금
(2) 피해 (3) 안전 (4) 기구

1 이 글은 놀이터를 바르게 이용해야 하는
까닭을 밝혀서 놀이터 안전에 대해 관심을
갖게 하려고 쓴 논설문입니다.

2 이 글은 놀이터를 바르게 이용하자는 의견
을 내세우기 위해 세 가지 까닭을 들었습
니다. '~하자.'는 의견을 나타내는 문장이
고, '~ 때문이다.'는 까닭을 나타내는 문장
입니다.

3 글쓴이의 의견이 나타난 글을 읽을 때에는
글의 제목에 나타난 의견과 그 까닭을 간
추리며 읽어야 합니다. (3)은 시나 이야기를
읽는 방법으로 알맞습니다.

4 이 안내문은 어린이 보호 구역에서 어린이
안전을 위해 지켜야 할 세 가지 규칙에 대
해 알려 주고 있습니다.

5 안내문의 '첫째' 내용에서 어린이 보호 구
역에서 하지 말아야 할 것으로 주차와 정
차가 나옵니다.

⭐어휘력 팡팡

2 (1) '보호'는 사람이나 사물을 보살펴 돌보
는 것을 뜻하고, '벌금'은 법이나 약속을 어
겼을 때 벌로 내는 돈을 뜻합니다. (2) '피
해'는 생명이나 몸, 재산 등에 손해를 입는
것, (3) '안전'은 탈이 나거나 다칠 위험이
없는 것, (4) '놀이 기구'는 노는 데 쓰는 도
구나 기계를 뜻합니다.

5회 25~27쪽

1 (1) ○ (2) × (3) ○ 2 쑥쑥 3 (2) ○
4 채은 5 (1) × (2) ○ (3) ○ 6 ③

☆ 어휘력 팡팡 1 (1) 꼬불꼬불 (2) 말랑말랑
(3) 매끈매끈 (4) 따끔따끔
2 (1) 연둣빛 (2) 나뭇잎 (3) 바닷가

1 이 시는 자연이 쑥쑥 자라는 모습을 표현한 시입니다. (2) 완두콩 싹이 자라 연둣빛 완두콩이 된다고 했습니다.

2 '쑥쑥'은 갑자기 많이 커지거나 자라는 모양을 나타낸 말입니다.

3 이 시에서는 개구리가 깨어나는 내용은 나오지 않습니다.

4 이 시는 완두콩과 소가 자라는 소리를 '쑥쑥'이라는 표현을 사용하여 생생하게 표현했으므로 채은이가 말한 것이 알맞습니다.

5 이 시는 (2) 세 글자, 네 글자 낱말을 주로 반복해서 노래하는 느낌이 들고, (3) 여러 가지 나물의 이름과 비슷한 흉내 내는 말을 사용해서 재미있습니다. 그러나 (1) 나물의 색깔에 대한 내용은 나오지 않았습니다.

6 '가시나물'이라는 이름으로 보아, 찔리거나 꼬집히는 것처럼 자꾸 아픈 느낌을 나타낸 말인 '따끔따끔'이 어울립니다.

☆ 어휘력 팡팡

1 낱말의 느낌을 잘 생각해 보고, 뜻에 알맞은 낱말을 씁니다.

2 두 낱말이 합쳐질 때 사이시옷이 들어가는 낱말로 '연둣빛, 나뭇잎, 바닷가'가 바른 표현입니다.

6회 29~31쪽

1 직업 2 (1) ㉠ (2) ㉡, ㉢ 3 (2) ○ 4 수민
5 ① 6 (2) ○

☆ 어휘력 팡팡 1 (1) 영역 (2) 가상 현실
(3) 인공 지능 2 (1) 사라질 (2) 쉬고

1 이 글은 미래에 줄어들 직업과 생겨날 직업, 더 전문적으로 나뉠 직업 등 미래의 직업 변화에 대해 설명하고 있습니다.

2 첫 번째 문장인 ㉠이 중심 문장이며, ㉡, ㉢은 중심 문장의 내용을 자세하게 설명해 주는 뒷받침 문장입니다.

3 이 글은 지금 있는 직업 수가 줄어들거나 전문적으로 나뉘어 변화가 있을 것이라고 했으므로, (1), (3)은 알맞지 않습니다.

4 이 글에서 미래에는 사람들이 직접 했던 일을 로봇이나 컴퓨터가 대신하는 일이 많을 것이라고 했으므로, 수민이의 경험과 관련지을 수 있습니다.

5 '희망하다'는 어떤 일을 이루거나 하기를 바라다라는 뜻이므로, 어떻게 되면 좋겠다고 생각하다라는 뜻의 '바라다'와 바꾸어 쓸 수 있습니다.

6 이 글은 초등학생들이 원하는 직업의 순위를 알려 주므로, (1), (3)은 알맞지 않습니다.

☆ 어휘력 팡팡

2 (1) 없던 것이 있게 되다라는 뜻인 '생겨나다'의 반대말은 어떤 것이 없어지다라는 뜻의 '사라지다'입니다. (2) 어떤 목적을 이루려고 몸을 움직이거나 머리를 쓰다를 뜻하는 '일하다'의 반대말은 하던 일을 잠시 멈추거나 그치다의 뜻인 '쉬다'입니다.

1 한국 잡 월드(직업 체험관) **2** (1) 사 (2) 사
(3) 의 **3** 가까스로 **4** (2) ◯ **5** (3) ◯
6 (1) 윤아 (2) 한결
⭐️어휘력 팡팡 **1** (1) 모형 (2) 체험 **2** (1) 가리
켰어요 (2) 마쳤어요 (3) 붙였어요 (4) 다쳤어요

1 글의 첫 부분에 '토요일, 엄마와~한국 잡
월드에 갔어요.'라고 나옵니다.

2 (1)과 (2)는 글쓴이가 실제로 한 일과 본 것
이므로 '사실'이고, (3)은 목장 체험에서 느
낀 점이므로 '의견'입니다.

3 '겨우'는 어렵게 힘들여라는 뜻으로 애를
써서 매우 힘들게라는 뜻의 '가까스로'와
바꾸어 쓸 수 있습니다.

4 글쓴이는 견학을 마치고 피곤했지만 뿌듯
했다고 했습니다. 이와 같은 느낌이 든 일
은 말한 친구는 (2)입니다.

5 주어진 안내도로 보아, 어린이체험관은 3
층에 있고, 한식 요리 연구소 옆에는 휴식
공간이 있음을 알 수 있습니다. (3)의 내용
은 이 안내도에서 나오지 않았습니다.

6 윤아는 실제로 자신이 한 일, 즉 사실을 말
하고 있고, 한결은 피자 가게 체험을 한 후
느낀 점인 의견을 말하고 있습니다.

⭐️어휘력 팡팡

2 형이 손가락으로 시계를 짚어 보였으므로
'가리키다'가, (2) 역사 박물관 견학을 끝냈
으므로 '마치다'가, (3) '나'가 칭찬 스티커
맞닿아 떨어지지 않게 했으므로 '붙이다'
가, (4) 친구가 넘어져서 무릎에 상처가 생
겼으므로 '다치다'가 알맞습니다.

1 경비 아저씨 **2** (1) 께 (2) 올림 **3** ②
4 (1) ⓐ (2) ㉮ (3) ㉱ **5** ② **6** (1) ◯
⭐️어휘력 팡팡 **1** (1) 생신 (2) 말 (3) 뵙 (4) 지
(5) 주무시다 (6) 시

1 이 글은 정우가 경비 아저씨께 감사하고
죄송한 마음을 담아 쓴 편지입니다.

2 웃어른에게 편지를 쓸 때에는 '에게' 대신
'께', '가' 대신 '올림'으로 높임 표현을 써야
합니다.

3 끝인사는 편지를 마무리할 때 하는 인사이
므로, ②가 알맞습니다. ①은 쓴 날짜, ③,
⑤는 하고 싶은 말, ④는 첫인사에 해당합
니다.

4 (1) 경비 아저씨가 놀이터에 놓고 온 가방
을 함께 찾아 주셨을 때는 고마운 마음이,
(2) 경비 아저씨가 생수병을 다시 버려 주
셨을 때는 미안한 마음이, (3) 경비 아저씨
가 다리를 다친 모습을 보았을 때는 걱정
하는 마음이 들었을 것입니다.

5 '고맙다, 코끝이 찡하다, 바라다'는 모두 글
쓴이의 마음을 나타내는 말이지만, ②는
사실을 나타낸 말입니다.

6 이 글은 경비 아저씨가 정우의 편지를 받
고 정우에게 고마운 마음을 전하려고 쓴 쪽
지입니다.

⭐️어휘력 팡팡

2 웃어른께는 '생일' 대신 '생신', '말' 대신
'말씀', '밥' 대신 '진지', '자다' 대신 '주무
시다', '먹다' 대신 '잡수시다'라는 높임말
을 씁니다.

9회 41~43쪽

1 토스터 2 (3) ○ 3 ④ 4 (3) ○ 5 (2) ○
6 ㉡, ㉢, ㉤

★어휘력 팡팡 1 (1) 투입구 (2) 작동 (3) 레버
2 (1) 빼다 (2) 오른손 (3) 끝 (4) 위험하다

1 이 글은 토스터 사용 설명서입니다.

2 설명서로 보아 플러그 꽂고 빵 굽기 온도 맞추기 → 빵을 투입구에 넣기 → 옆의 레버 내리기 → 빵 꺼내기의 순입니다.

3 '구워지다'는 불에 익혀지다라는 뜻이므로 뜨거운 열로 고기나 채소, 곡식 등의 성질과 맛을 달라지게 하다라는 뜻인 '익은'과 바꾸어 쓸 수 있습니다.

4 이 글은 토스터를 사용하는 방법을 차례대로 설명한 글입니다. (3) 샌드위치 만드는 법도 일하는 방법에 따라 차례대로 글을 쓸 수 있습니다.

5 이 글에는 ☆☆ 연필깎이를 사용하는 방법이 잘 나타나 있습니다.

6 이 글에서 일의 순서를 나타내는 말은 '먼저, 그다음에는, 마지막으로'입니다.

★어휘력 팡팡

1 (1) 자판기 동전의 구멍이므로 '투입구'가, (2) 세탁기가 움직이지 않는다는 뜻이므로 '작동'이, (3) 토스터 옆에 있는 막대기인 '레버'가 들어가야 합니다.

2 각각의 반대말은 (1) 꽂혀 있는 것을 밖으로 나오게 하다라는 뜻인 '빼다', (2) 오른쪽에 있는 손인 '오른손', (3) 순서의 마지막을 뜻하는 '끝', (4) 해를 입을 수 있어 안전하지 못하다라는 뜻의 '위험하다'입니다.

10회 45~47쪽

1 스마트폰 2 ④, ⑤ 3 은채 4 (1) ○
5 스마트폰

★어휘력 팡팡 1 ① 체력 ② 자극
③ (가로) 시력, (세로) 시간 ④ (가로) 소통,
(세로) 소홀하다 ⑤ 스마트폰
⑥ (가로) 구부정하다, (세로) 구두쇠 ⑦ 조절

1 이 글은 스마트폰을 바르게 사용하지 않으면 오히려 해로울 수 있으므로, '스마트폰을 올바로 사용하자.'라는 의견을 내세우고 있습니다.

2 ④, ⑤는 글쓴이가 말한 스마트폰의 올바른 사용 습관에 대한 내용으로 각각 2, 4문단의 중심 문장입니다.

3 글쓴이는 스마트폰에 빠져서 꼭 해야 할일을 놓칠 수 있다고 했습니다. 은채는 스마트폰에 빠져 숙제를 잊은 경험을 통해 글쓴이의 의견을 평가했습니다.

4 이 광고는 식사 시간이나 대화 시간에 스마트폰만 보고 있지 않은지 문제점을 보여주며 '스마트폰 사용 시간을 줄이자.'는 의견을 잘 나타냈습니다.

5 이 광고의 내용은 우리나라 사람들이 스마트폰을 지나치게 사용하므로, 스마트폰 사용을 줄여야 한다는 것입니다.

★어휘력 팡팡

1 가로 열쇠와 세로 열쇠의 낱말 뜻을 보고 알맞은 낱말을 떠올려 본 뒤, 예의 빈칸에 어울리는지 넣어 봅니다. 가로 낱말과 세로 낱말이 겹치는 부분에는 같은 글자가 쓰입니다.

11회 49~51쪽

1 수탉, 두꺼비 2 ⑤ 3 (3) ○ 4 (3) ○
5 ①, ⑤ 6 이준

☆어휘력 팡팡 1 (1) 한나절 (2) 신세
(3) 두둘두둘 2 (1) 볏 (2) 뿔 (3) 비늘 (4) 갈기

1 이 글에는 두꺼비와 수탉이 나옵니다.

2 한나절을 함께 걸었지만 수탉과 두꺼비는
얘기를 나누지 못했다고 했습니다. ① 수탉
이 먹는 것을 좋아하고, ② 두꺼비가 수탉
에게 고마워했습니다. ③ 두꺼비와 수탉은
친구가 될 수 없었습니다. ④ 수탉은 모두
가 자신과 친구가 되려 한다고 했습니다.

3 이 글에서는 잘난 체하며 먹을 것만 찾는
수탉에게 그런 친구는 필요 없다고 두꺼비
가 당차게 말하는 부분이 재미있습니다.

4 결국 수탉과 두꺼비가 친구가 될 수 없었
다는 내용과 자연스럽게 이어지는 내용은
(3)입니다.

5 말이 자신의 외모에 대해 한 말과 당나귀
를 무시하는 말에서 건방지고 잘난 척하는
성격임을 알 수 있습니다.

6 말의 처지가 한순간에 바뀐 상황에 대한 생
각이나 느낌을 잘 말한 것은 이준입니다.

☆어휘력 팡팡

2 (1) '볏'은 닭이나 새 등의 이마 위에 세로로
붙은 살 조각입니다. (2) 소, 사슴 등의 머
리에 솟은 단단하고 뾰족한 것은 '뿔'입니
다. (3) 물고기나 뱀 등의 피부를 덮고 있는
얇고 단단하게 생긴 작은 조각은 '비늘'입니
다. (4) 말이나 사자 등의 목덜미에 난 긴
털은 '갈기'입니다.

12회 53~55쪽

1 (3) ○ 2 ③ 3 골동품 4 나린 5 (2) ○
6 ③

☆어휘력 팡팡 1 (1) 참여 (2) 실천 (3) 기부
2 (1) ○ (2) ○ (3) ○ (4) ×

1 이 글은 플리마켓을 잘 모르는 사람을 대
상으로 플리마켓에 대해 자세히 설명하고
있습니다. 따라서 (3)이 알맞습니다.

2 ③ 플리마켓은 우리나라보다 유럽에서 일
찍 발달했다고 했습니다.

3 골동품은 오래되어 희귀한 옛 물건을 뜻합
니다.

4 글쓴이는 이 글에서 플리마켓의 뜻, 특징,
그리고 다양한 형태에 대해 자세히 설명했
습니다. 따라서 이와 관련된 내용을 말한
친구는 나린입니다.

5 이 글은 주민들에게 △△시청에서 열리는
플리마켓 행사를 알리기 위해서 쓴 안내문
입니다.

6 이 글로 보아, ①은 5월 20일 토요일 10시
~12시, ②는 △△시청 주차장, ④는 △△
시청 누리집, ⑤는 지역 주민 누구나임을
알 수 있습니다.

☆어휘력 팡팡

1 그림의 상황과 낱말 뜻을 보고, 알맞은 낱
말을 빈칸에 씁니다.

2 (1) '사다'와 '팔다', (2) '버리다'와 '줍다', (3)
'싸다'와 '비싸다'는 각각 그 뜻이 서로 반
대인 반대말입니다. (4) '필요하다'와 '유용
하다'는 각각 요구되는 바가 있다, 쓸모가
있다는 뜻을 가진 비슷한말입니다.

13회 57~59쪽

1 (2) ○ 2 반려동물, 두려움 3 ② 4 (1) ○
5 (2) ○ 6 ㉢

⭐어휘력 팡팡 1 (1) 눈살 (2) 배려 (3) 불쾌감
(4) 반려동물

1 글의 마지막에서 엘리베이터는 여러 사람이 함께 이용하는 시설이므로 올바르게 이용하자는 글쓴이의 의견이 나옵니다.

2 글쓴이의 ㉠에 대한 까닭은 바로 뒷문장 '왜냐하면 반려동물이~있기 때문입니다.'에 나타나 있습니다. 빈칸에 알맞은 낱말을 찾아 씁니다.

3 ㉢은 조심하거나 깊이 생각하지 아니하고 마음 내키는 대로 마구라는 뜻의 말로, 아무렇게나 함부로를 뜻하는 '마구'와 바꾸어 쓸 수 있습니다.

4 글쓴이는 엘리베이터가 공공장소이므로 큰 소리로 떠들거나 전화 통화를 하지 말자고 했습니다. 이에 대해 의견과 그 까닭을 알맞게 말한 사람은 (1)입니다.

5 '밖에 나갈 때는 강아지에게 입마개를 꼭 해 주세요.'라는 문장에 글쓴이가 하고 싶은 말이 나타나 있습니다.

6 글쓴이는 강아지가 목줄을 하고 있어도 갑자기 어떤 일이 생길지도 모른다는 것과 입마개를 하면 갈색 큰 강아지와 더 친해질 것 같다며 강아지에게 입마개를 해 달라는 의견을 내었습니다.

⭐어휘력 팡팡

1 낱말의 뜻을 읽고 해당하는 낱말을 암호 카드에서 찾아 글자를 찾아 씁니다.

14회 61~63쪽

1 (1) ○ 2 ⑤ 3 ④ 4 영웅 5 (1) ○ (3) ○
6 예슬

⭐어휘력 팡팡 1 (1) 자리 (2) 으레 (3) 동동
2 (1) 좋다 (2) 오다 (3) 차다 (4) 보다

1 몰래 써 본 어지러운 할아버지 안경은 돋보기 안경입니다.

2 2연에서 할아버지의 안경을 쓴 내가 '어지럽다'고 말한 것과 4연에서 '세상이 어지럽다'라는 말로 보아 공통점을 짐작할 수 있습니다.

3 ㉠은 할아버지가 신문을 보실 때마다 혀를 끌끌 차며 하신 말씀입니다.

4 말하는 이가 할아버지 안경을 닦아 드렸다는 내용은 이 시에 나오지 않습니다.

5 이 시를 읽으면 파리, 거미, 메뚜기, 잠자리 등이 날아다니고 아이들이 곤충을 잡으려고 하는 모습이 떠오릅니다.

6 이 시는 '동동'이라는 말을 여러 번 써서 곤충들이 이리저리 날아다니는 모습을 재미있게 표현했습니다.

⭐어휘력 팡팡

2 (1) '좋다'는 날씨가 맑거나 고르다, 어떤 것의 성질이나 내용 등이 훌륭하다라는 뜻이고, (2) '오다'는 다른 곳에서 이곳으로 움직이다, 비나 눈이 내린다는 뜻이 있습니다. (3) '차다'는 혀끝을 입천장 앞쪽에 붙였다가 떼어 소리를 내다, 발로 내어 지르거나 받아 올리다라는 뜻이 있습니다. (4) '보다'는 책이나 신문 등을 읽다, 자신의 실력이 나타나도록 치르다라는 뜻이 있습니다.

15회	65~67쪽

1 (2) ○ **2** ①, ④ **3** ② **4** (순서대로) 고명, 육회, 콩나물 **5** 세연 **6** (2) ○

☆ **어휘력 땅땅** **1** (1) 채 (2) 양념 (3) 고명
2 (1) 음식 (2) 채소 (3) 그릇

1 제목이 '전주비빔밥이 유명한 까닭'이므로, 전주비빔밥의 특징에 대한 내용이 나올 것이라고 짐작할 수 있습니다.

2 ①과 ④의 내용은 글에 나타나 있지 않습니다.

3 '짓다'는 재료를 가지고 밥, 옷, 집 등을 만들다라는 뜻이므로, 힘이나 재료를 써서 어떤 것이 생기게 하다라는 뜻인 '만들다'와 바꾸어 쓸 수 있습니다.

4 전주비빔밥의 다양한 고명 중에서 육회와 콩나물은 꼭 들어간다고 했습니다.

5 제목으로 보아 콩나물비빔밥을 만드는 방법이 나올 것이라고 짐작할 수 있습니다.

6 콩나물비빔밥을 만들 때 가장 먼저 해야 할 일은 콩나물과 채 썬 당근을 삶아서 짠 다음 간을 하는 것입니다.

☆ **어휘력 땅땅**

2 (1) '음식'은 사람이 먹을 수 있도록 만든, 밥이나 국 등의 물건이라는 뜻으로, 밥, 국, 떡 등을 포함하는 낱말입니다. (2) '채소'는 밭에서 기르며 주로 그 잎이나 줄기, 열매를 먹는 농작물을 뜻하는 낱말로, 당근, 배추, 미나리 등을 포함하는 낱말입니다. (3) '그릇'은 음식을 담는 도구를 뜻하는 낱말로, 컵, 공기, 접시 등을 포함하는 낱말입니다.

사진 출처
· 46쪽 공익 광고(한국 방송 광고 진흥 공사)
· 64쪽 전주비빔밥(셔터스톡)